FALANDO DE GESTÃO 3
VALIOSOS INSIGHTS

Rodrigo Vargas

FALANDO DE GESTÃO 3

VALIOSOS INSIGHTS

TEMAS DA ADMINISTRAÇÃO GERAL, CULTURA ORGANIZACIONAL, DESENVOLVIMENTO PROFISSIONAL, GESTÃO DE PROJETOS, LIDERANÇA, MARKETING, PLANEJAMENTO ESTRATÉGICO, PRODUTIVIDADE E QUALIDADE.

Rodrigo Vargas

FALANDO DE GESTÃO 3
VALIOSOS INSIGHTS

Copyright © 2020-2024 - Rodrigo Vargas e seus licenciantes.

Todos os direitos reservados. Reprodução proibida.

Material protegido pela lei dos direitos autorais.

AVISO LEGAL NO VERSO DA PÁGINA.

AVISO LEGAL

1 - É proibida a reprodução deste livro, parcial ou integral, por qualquer meio, eletrônico ou físico, sem a autorização prévia e expressa do autor, conforme a lei brasileira nº 9.610/98, e demais leis de direitos autorais dos países onde este livro for adquirido. O não cumprimento destas condições pode levar a ações cíveis de reparação de danos, além das penas criminais cabíveis.

2 – Esforços razoáveis foram feitos para que as informações contidas neste livro estejam corretas e atualizadas (na data de sua produção), todavia, não há como garantir que não haja erros, equívocos, imprecisões, falhas ou omissões; inclusive, em decorrência do passar do tempo.

3. - Este livro tem o objetivo de divulgar informações de caráter genérico, de acordo com a experiência e conhecimento do autor, e não deve ser interpretado como consultoria ou determinação específica a você, ou ao seu caso, nem como garantia ou promessa de qualquer resultado.

Nota 1: Caso encontre algum tipo de erro, sua gentileza em informar através do formulário "Comunicar Erro", do portal GestaoIndustrial.com, será muito apreciada.

Nota 2: Devido às condições inerentes à internet, e/ou outras condições gerais, o portal GestaoIndustrial.com pode sofrer perda de dados, falhas eventuais, e interrupções temporárias ou não.

FICHA CATALOGRÁFICA FEITA PELO AUTOR

V297   Vargas, Rodrigo
          Falando de Gestão 3: Valiosos Insights / Rodrigo Vargas - Publicação independente, através da Amazon e seus parceiros, a partir de 2024.
          246 p.; il.; 15,24 x 22,86cm (6" x 9")

          ISBN-13: 979-8323749492

          1. Gestão. 2. Administração Industrial. 3. Temas Diversos. I. Título.

CDD: 650
CDU 658.3

SOBRE O AUTOR

Rodrigo Vargas é Engenheiro Mecânico formado pela Universidade Federal do Paraná, especialista em Gestão Empresarial pela Fundação Getúlio Vargas, e pós-graduado em Engenharia de Manutenção Mecânica pela Universidade Federal do Paraná. Tem mais de 30 anos de experiência profissional, sendo mais de 20 dedicados a atividades de gestão e liderança, tendo trabalhado em renomadas empresas multinacionais, com vivência profissional internacional na Europa, Ásia e América Latina. É o criador e editor do portal GestaoIndustrial.com, onde disponibiliza gratuitamente, há mais de 15 anos, informações sobre os temas principais da Gestão Industrial. É também o criador e editor do blog internacional de gestão e liderança WithinManagement.com. Rodrigo obteve certificação *Black Belt* na metodologia Seis Sigma, certificação *Practitioner* em Programação Neurolinguística, certificação de Auditor Líder do Sistema de Gestão da Qualidade ISO 9001, e formação complementar em Docência pela Fundação Getúlio Vargas. Rodrigo Vargas tem vários livros publicados nas áreas de gestão, finanças, e cognição (ao final do livro há uma lista completa dos títulos). Rodrigo Vargas é também o criador e produtor do canal Universo da Gestão, no YouTube, com os temas mais relevantes da gestão, em formato de videoaula.

DEDICATÓRIA

Aos meus filhos,
Lucas e Nicolas.

SUMÁRIO

SOBRE O AUTOR 7
DEDICATÓRIA 9
SUMÁRIO 11
PREFÁCIO 19
ADMINISTRAÇÃO GERAL 21

   EFEITO HALO X EFEITO HORN - ERROS NA AVALIAÇÃO DE UM PROFISSIONAL! 22

      Os Erros em Avaliações Profissionais 24

      Avaliando Equivocadamente pelo Efeito Halo 25

      Avaliando Equivocadamente pelo Efeito Horn 26

      Evitando os Erros de Avaliação 28

   SÍNDROME DE BURNOUT - COMO EVITAR O ESGOTAMENTO NO TRABALHO 29

      Os Sinais de Esgotamento 30

      Os Efeitos do Burnout nas Organizações 31

      Como Evitar o Burnout 31

   A MAIOR CAUSA DE DEMISSÃO! 34

      O Que Dizem as Pesquisas 34

      Conclusão 35

   HOME OFFICE: SONHO OU PESADELO? 37

      A Pesquisa do GestaoIndustrial.com 38

      Outras Informações 41

      Sonho ou Pesadelo? 42

SUMÁRIO

10 Boas Razões para Contratar Profissionais com Mais de 50 Anos! 45

   As 10 Boas Razões 47

CULTURA ORGANIZACIONAL 53

   Cultura Organizacional: Como Buscar a Excelência? 54

      Os Tipos Importam? 55

      A Formação da Cultura de Melhoria 55

   O Que Não Pode Faltar na Integração de um Novo Colaborador? 57

      O Que Não Pode Faltar na Integração do Novo Colaborador? 58

DESENVOLVIMENTO PROFISSIONAL 61

   Procrastinação - Como Lidar com Isso? 62

      Teoria da Motivação Temporal 63

      Consequências da Procrastinação 64

      8 Razões Comuns da Procrastinação e Como Lidar com Elas .. 65

      A Recompensa Imediata do Bem 68

      Conclusão 69

   Como Pensar Melhor Antes de Decisões Importantes? 70

      Pensar Rápido e Devagar 71

      Pensar 2 Vezes 72

      Três Critérios Práticos 76

   O Asno de Buridan 77

      O Asno de Buridan 77

      Aristóteles 78

SUMÁRIO

Semelhança com o Paradoxo de Fredkin 78
CONHEÇA AS COMPETÊNCIAS SOCIOEMOCIONAIS (SOFT SKILLS) QUE AS EMPRESAS ESTÃO BUSCANDO! 80
   Empregadores Valorizam Cada Vez Mais as Competências Socioemocionais 81
   Conclusão 83
7 PRINCÍPIOS PARA SER MAIS FELIZ NO TRABALHO (E NA VIDA) 85
   Um Desafio para Você Ser Ainda Melhor 86
   Um Alerta Importante! 90

GESTÃO DE PROJETOS 93
GESTÃO DE PROJETOS: MELHORES PRÁTICAS 94
   Melhores Práticas 95

LIDERANÇA 101
LIDERANÇA: COMO DESENVOLVER A SUA? 102
   Como Desenvolver a Liderança? 103
PRINCIPAIS COMPETÊNCIAS DE GESTÃO: PESQUISA DE OPINIÃO 107
   A Pesquisa de Opinião 108

MARKETING 113
A CEGUEIRA DAS ESCOLHAS E O MARKETING 114
   O Experimento da Troca das Fotos 114
   Por Que Ocorre a Cegueira das Escolhas, e Como Evitar? 115
NEUROMARKETING: A NEUROCIÊNCIA DO CONSUMIDOR 117
   Técnicas de Neuromarketing 117
   Exemplos 118

SUMÁRIO

A Ética no Neuromarketing *121*

PESQUISA DE MARKETING: UM GUIA PRÁTICO! 122

Tipos de Pesquisa *123*

Técnicas de Pesquisa *124*

Os 9 Passos para uma Pesquisa por Entrevista *124*

COMPRA POR IMPULSO: A TEORIA DE HAWKINS STERN ... 130

CONHEÇA MELHOR SEU CLIENTE: MAPA DE EMPATIA 132

Elaborando um Mapa de Empatia *133*

FERRAMENTAS PARA MONITORAR A SATISFAÇÃO DO CLIENTE 136

O SIMPLES (MAS PRECIOSO) CONSELHO DE STEVE JOBS 139

PLANEJAMENTO ESTRATÉGICO 143

STRATEGIC RATIONALE: FUNDAMENTANDO A ESTRATÉGIA 144

Estrutura *145*

PERGUNTAS PARA FAZER ANTES DE INICIAR UM PLANEJAMENTO ESTRATÉGICO 146

#1 - Como é a nossa relação com os nossos clientes? *147*

#2 - Como é a nossa relação com os nossos fornecedores? ... *147*

#3 - Como é nossa participação nos segmentos de mercado em que atuamos? *147*

#4 - Como é a nossa estrutura de custos? *147*

#5 - Como é a nossa saúde financeira? *148*

PRODUTIVIDADE 149

POR QUE O BEM-ESTAR FINANCEIRO DOS FUNCIONÁRIOS É IMPORTANTE PARA A ORGANIZAÇÃO? 150

Finanças x Produtividade *150*

SUMÁRIO

Soluções *153*

GESTÃO DE PESSOAS: COMO ELA PODE INFLUENCIAR A PRODUTIVIDADE NO TRABALHO? 155

Um Pouco de História *155*

A Gestão de Pessoas e a Produtividade *156*

A Estrutura da Gestão de Pessoas Eficaz *157*

Os Efeitos da Boa Gestão de Pessoas na Produtividade ... *159*

Conclusão *160*

FALTA DE ATENÇÃO: O QUE A CIÊNCIA TEM A DIZER? 162

A Ciência Atenta à Falta de Atenção *163*

Como Evitar a Divagação da Mente *164*

POR QUE O ÓTIMO É INIMIGO DO BOM? 168

Pode Ser a Diferença Entre o Sucesso e o Fracasso *169*

Fazer o Bom Não É Fazer Malfeito *171*

PRINCÍPIO DE PARETO: COMO AUMENTAR A PRODUTIVIDADE COM ELE? 172

Origem do Princípio de Pareto *173*

Exemplos de Princípio de Pareto no Dia a Dia dos Negócios *174*

QUALIDADE 177

QUALIDADE 4.0: A NOVA FRONTEIRA! 178

Desafios *179*

Esteja Pronto! *180*

COMO É A QUALIDADE DO SEU SISTEMA DE GESTÃO DA QUALIDADE? 182

12 Perguntas para Avaliar a Qualidade de um Sistema de Gestão da Qualidade *183*

SUMÁRIO

DIAGRAMA DE AFINIDADES: COMO USAR ESSA FERRAMENTA DA QUALIDADE? 187

    Onde Usar? 188

    Como Usar? 188

PROGRAMA 5S: BÁSICO E PODEROSO 190

    Objetivos 191

    O Significado dos 5S's 191

    Cultura da Qualidade 193

FERRAMENTAS BÁSICAS DA QUALIDADE: HISTOGRAMA ... 195

    Origem do Histograma 196

    Diferença entre Histograma e Gráfico de Barras 196

    Os Precursores 197

    Exemplos de Uso do Histograma 197

    Histograma com Intervalos Diferentes 201

FERRAMENTAS BÁSICAS DA QUALIDADE: GRÁFICO DE PARETO 204

    Origens 205

    O Gráfico de Pareto 206

    Exemplo 207

FERRAMENTAS BÁSICAS DA QUALIDADE: CHECKLIST 210

FERRAMENTAS BÁSICAS DA QUALIDADE: DIAGRAMA DE ISHIKAWA 213

    Como Construir um Diagrama de Ishikawa 214

FERRAMENTAS BÁSICAS DA QUALIDADE: ESTRATIFICAÇÃO DE DADOS 216

    Objetivos e Sistemática da Estratificação 216

SUMÁRIO

Exemplo Prático de Estratificação de Dados 217

FERRAMENTAS BÁSICAS DA QUALIDADE: DIAGRAMA DE DISPERSÃO 220

Usos 221

Exemplos 222

Correlação e Causalidade 222

PARA TERMINAR 225

AGRADECIMENTO 227

OUTRAS PUBLICAÇÕES DE RODRIGO VARGAS 229

PREFÁCIO

Insight é uma palavra emprestada do inglês, mas que já aparece nos dicionários da língua portuguesa. Significa ter uma percepção, compreensão, percepção, ou entendimento sobre algo; e, por extensão, chamamos de *insights* as mensagens ou informações que provoquem esses entendimentos e que nos levem a soluções e melhores resultados.

Neste livro, Falando de Gestão 3, eu continuo a reunir e organizar por categorias os vários artigos que foram escritos para o meu Blog, dentro do portal GestaoIndustrial.com; e desta vez, reuni aqueles publicados nos anos 2020 e 2021. Os temas estão categorizados em:

- Administração Geral,
- Cultura Organizacional,
- Desenvolvimento Profissional,
- Gestão de Projetos
- Liderança,
- Marketing,
- Planejamento Estratégico,
- Produtividade,
- Qualidade.

Assim como nos livros anteriores, espero que os temas apresentados aqui, e seu conteúdo, provoquem em você *insights* positivos e criem momentos de reflexão e

PREFÁCIO

aprendizado que o levem a desenvolver novas competências, além de aperfeiçoar as já existentes.

Boa leitura e Sucesso!

EFEITO HALO X EFEITO HORN - ERROS NA AVALIAÇÃO DE UM PROFISSIONAL!

Sim, você já deve ter vivenciado uma situação em que alguém que não tinha as melhores qualificações foi beneficiado de algum modo, ou para liderar aquele importante projeto corporativo, ou mesmo para receber uma cobiçada promoção de carreira. Claro que isso pode ser um erro de julgamento seu, mas pode ser, também, um favorecimento da chefia (vemos isso em todas as Organizações!...). E esse "favorecimento", que muitos profissionais próximos podem descrever como uma simpatia gratuita com o sujeito, tem um nome: é o chamado Efeito Halo, que é a tendência em avaliar positivamente uma ou mais características de uma pessoa, baseada em uma impressão positiva de outra característica não relacionada.

O Efeito Halo foi primeiro descrito pelo psicólogo americano Edward L. Thorndike, que em 1920 publicou o artigo A Constant Error in Psychological Ratings (Um Erro Constante nas Classificações Psicológicas - em tradução livre). A pesquisa de Edward L. Thorndike, relatou a existência desse efeito em militares, quando os comandantes foram solicitados a avaliar seus subordinados em qualidades físicas, inteligência, liderança e qualidades pessoais (ou seja, caráter). Thorndike observou uma correlação entre traços positivos e negativos não relacionados, pois os subordinados mais altos e com melhor aparência física também foram classificados como soldados mais inteligentes e melhores. No mesmo artigo, Thorndike também relata um estudo similar feito com professores, e que apresenta resultados na mesma linha.

Thorndike determinou, a partir desses experimentos, que as pessoas generalizam a partir de uma característica marcante para formar uma visão favorável, ou desfavorável, de uma pessoa. Mais tarde, esse conceito começou a ser aplicado não apenas com pessoas, mas também, com empresas, marcas ou produtos.

Embora o conceito originalmente proposto por Thorndike, dizia respeito às generalizações positivas ou negativas, vem se popularizando o conceito de Efeito Horn (em referência à *devil's horn* - chifre do diabo) para designar as generalizações negativas ou o desmerecimento gratuito, ou seja, a tendência em avaliar negativamente uma ou mais características de uma pessoa, baseada em uma impressão negativa de outra característica não relacionada. Por questões didáticas, vamos, a seguir, utilizar os dois conceitos.

OS ERROS EM AVALIAÇÕES PROFISSIONAIS

Numa Organização, o Efeito Halo, ou o Efeito Horn, pode se manifestar na tendência de uma liderança em superestimar, ou subestimar, um liderado; e isso pode ocorrer devido a vários motivos. No livro *Improving Employee Performance Through Appraisal and Coaching* (Melhorando o Desempenho dos Funcionários por Meio de Avaliação e Treinamento - em tradução livre), publicado em 2006, Donald Kirkpatrick faz uma boa análise dos fatores associados à tendência em superestimar, ou subestimar, o real desempenho de um funcionário. Veja-os a seguir.

AVALIANDO EQUIVOCADAMENTE PELO EFEITO HALO

Segundo Donald Kirkpatrick, alguns dos aspectos relacionados aos erros de avaliação profissional, devidos ao Efeito Halo, a que qualquer pessoa está sujeita, podem ser descritos a seguir:

- **Efeito do Resultado Passado**: um histórico de bons resultados no passado distante pode induzir a uma avaliação de bons resultados no passado recente. É como diz o ditado popular Português: "*Cria a fama e deita-te na cama*", pois uma opinião positiva (claro que isso vale, de modo contrário, para uma opinião negativa) criada em relação a alguém, poderá ser mais forte do que as impressões atuais, resultado de ações do presente;
- **Efeito da Regência**: similar ao item anterior, o efeito da Regência é o princípio de que aquilo que foi apresentado mais recentemente provavelmente será lembrado melhor. Por exemplo, um excelente trabalho realizado ontem ou na semana passada pode compensar um desempenho ruim hoje, levando a uma avaliação positiva não condizente com a realidade;
- **Compatibilidade**: há uma tendência de avaliar, num grau superior ao que é realmente merecido, as pessoas a quem achamos mais agradáveis, ou que, costumeiramente, concordam com nosso pensamento e validam nossas ações.
- **Um Grande Atributo**: aquele que tem uma aparência impressionante, um diploma de uma

Universidade super conceituada (Harward, Cambridge, Oxford, por exemplo), ou qualquer outro atributo muito significativo, obtém, em geral, uma avaliação mais favorável de uma característica não relacionada, do que a pessoa que não possui esses atributos.
- **O Efeito Ponto Cego**: é o caso em que o gestor não considera certos tipos de defeitos na avaliação de seu subordinado porque são exatamente iguais aos dele.
- **O Viés da Não-reclamação**: O funcionário que não reclama, não é muito crítico, e diz que tudo está ótimo, será, provavelmente, superestimado numa avaliação.

AVALIANDO EQUIVOCADAMENTE PELO EFEITO HORN

Segundo Donald Kirkpatrick, algumas causas desse equívoco de avaliação, devidas ao Efeito Horn, podem ser descritas a seguir:

- **Alta Expectativa**: em geral, o gestor é perfeccionista e extremamente exigente em relação aos resultados, estabelecendo para si e para sua equipe uma expectativa muito alta. Dessa forma, no momento de avaliar o liderado, ele o considera num grau abaixo do que seria o merecido.
- **Funcionário Discordante**: nesse caso, o gestor exprime sua irritação com o liderado que constantemente discorda de seu pensamento ou

decisões, avaliando-o num grau abaixo do que seria o justificado pelo seu desempenho.

- **O Efeito Excentricidade:** nesse caso, os excêntricos, os diferentões, podem ser subestimados e obter avaliações mais baixas pelo simples fato de serem diferentes.
- **Participação em uma Equipe Fraca:** um bom jogador, num time fraco, acaba obtendo avaliações mais baixas do que ele teria se estivesse em um time vencedor.
- **O Efeito da Culpa por Associação:** a pessoa que não é realmente conhecida pelo gestor é, frequentemente, julgada pela companhia das pessoas com quem anda.
- **O Efeito Incidente Recente:** um incidente recente pode acabar com o efeito de meses de bom trabalho, e dar a uma pessoa uma avaliação mais baixa do que seria o merecido.
- **O Efeito da Personalidade:** um funcionário que é arrogante, abusado demais, apático demais, ou que não possui alguma característica que o gestor associa a bons funcionários, acaba sendo subestimado na avaliação, recebendo um grau inferior ao que seria o merecido.
- **O Efeito da Autocomparação:** a pessoa que faz um trabalho diferentemente da maneira como o gerente o fazia quando tinha esse mesmo trabalho, sofre mais do que uma pessoa cujo trabalho o gerente nunca fez.

EVITANDO OS ERROS DE AVALIAÇÃO

Para evitar esses erros de avaliação, em primeiro lugar, é bom que o gestor conheça bem todos os aspectos que podem levar a avaliações equivocadas. Em segundo lugar, é preciso que a Organização estabeleça padrões de desempenho, de tal forma que o impacto, tanto do Efeito Halo quanto do Efeito Horn, seja eliminado ou, pelo menos, minimizado.

SÍNDROME DE BURNOUT - COMO EVITAR O ESGOTAMENTO NO TRABALHO

A Síndrome de *Burnout* (ou Síndrome do Esgotamento no Trabalho em bom português) é definida pela Organização Mundial da Saúde (WHO) como sendo o resultado do estresse crônico no local de trabalho que não foi gerenciado com sucesso, e suas 3 principais características são:

- Sentimento de esgotamento de energia;
- Afastamento mental do trabalho, ou sentimento de negativismo relacionado ao trabalho;
- Redução da eficiência profissional.

A Síndrome de *Burnout* é classificada como um fenômeno ocupacional, ou seja, que está relacionada especificamente ao ambiente profissional, não devendo ser aplicada para descrever experiências em outras áreas da vida.

Em 1974, Herbert Freudenberger, um psicólogo germano-americano, foi o primeiro a cunhar o termo "*burnout*", ao publicar o artigo Staff Burn-Out (Esgotamento do Pessoal - em tradução livre). O artigo foi baseado em suas observações da equipe de voluntários (incluindo ele próprio) em uma clínica para viciados em drogas.

OS SINAIS DE ESGOTAMENTO

O *Burnout* pode levar à depressão profunda, se não tratado devidamente, por isso, fique atento a alguns sinais, que podem ser, segundo o Dr. David Ballard, uma das maiores autoridades no assunto, chefe do programa Ambiente de Trabalho Psicologicamente Saudável, da Associação Americana de Psicologia:

- nervosismo
- problemas de relacionamento ou isolamento
- exaustão constante; desmotivação que não passa
- frustração e pessimismo além do normal
- falta de atenção e de concentração continuadas
- declínio da produtividade
- negligência com a saúde, exagero com bebida alcoólica, comida, cigarro
- alguns sintomas físicos como dores de cabeça frequentes, pressão alta, gastrite, tonturas

Estresse e preocupações ocasionais são normais na vida da maioria das pessoas, porém, a grande diferença entre o estresse normal e o *Burnout* é sentimento de que, no *Burnout*, o estresse não passa, e a pessoa começa a se sentir esgotada física e mentalmente; aí, é sinal de alerta. Nesses casos, o profissional deve buscar ajuda de um médico ou psicólogo.

OS EFEITOS DO *BURNOUT* NAS ORGANIZAÇÕES

Segundo uma pesquisa Gallup com 7500 funcionários, publicada em 2018, aqueles que disseram que muitas vezes (ou sempre) sofrem *burnout* no trabalho têm:

- 63% mais chances de passar um dia doente;
- Apenas metade da probabilidade de chegar a discutir como abordar as metas de desempenho com seu gerente;
- 23% mais chances de visitar a sala de atendimento médico;
- 2,6 vezes mais chances de deixar seu atual emprego;
- 13% menos confiantes em seu desempenho.

COMO EVITAR O *BURNOUT*

Segundo a pesquisa Gallup referenciada no parágrafo anterior, foram encontrados 5 fatores como tendo uma correlação significativa com o *Burnout* e que, portanto, deveriam ser de grande atenção por parte das Organizações, para reduzir o *Burnout* no local de trabalho:

- **Tratamento injusto no trabalho**: quando os funcionários costumam ser tratados injustamente no trabalho, têm 2,3 vezes mais chances de sofrer um alto nível de desgaste. O tratamento injusto pode incluir desde preconceito, favoritismo e maus-tratos por um colega de trabalho, até remuneração injusta ou políticas corporativas desajustadas.

- **Carga de trabalho excessiva:** os colaboradores de alto desempenho podem mudar rapidamente de otimistas para desesperados, enquanto se afogam em uma carga de trabalho incontrolável.

- **Falta de clareza na função:** quando a responsabilidade e as expectativas da função não estão claras, os colaboradores podem ficar exaustos apenas tentando descobrir o que se está querendo deles. Os bons gerentes discutem responsabilidades e objetivos de desempenho com seus funcionários e colaboram com eles para garantir que as expectativas sejam claras e alinhadas com esses objetivos.

- **Falta de comunicação e apoio do gerente:** O suporte do gerente e a comunicação frequente fornecem um amortecedor psicológico, para que os funcionários saibam que, mesmo que algo dê errado, o gerente está ao par das coisas. Os funcionários que se sentem apoiados pelo gerente têm uma probabilidade 70% menor de sofrer *burnout* regularmente.

- **Pressão de tempo irracional:** Quando os funcionários afirmam que costumam ou sempre têm tempo suficiente para realizar todo o trabalho, eles têm 70% menos probabilidade de sofrer um desgaste excessivo. Prazos e pressões irracionais podem criar um efeito de bola de neve - quando os colaboradores perdem um prazo irracional, ficam para trás na próxima tarefa que devem fazer.

É fácil perceber o papel dos gestores, tanto para evitar o *Burnout*, quanto para desencadeá-lo. Um estudo da

Universidade Federal do Paraná, realizado pelos pesquisadores Elide Sbardellotto M. da Costa, Adriano Hyeda e Eliane Mara Cesareo Pereira Maluf, publicada em 2016, intitulado *Working Environment and Burnout Syndrome* (O Ambiente de Trabalho e a Síndrome de Burnout - em tradução livre), concluiu que o suporte Organizacional no ambiente de trabalho tem uma relação significativa com o risco de *Burnout*, especialmente a função das lideranças, na gestão de pessoas.

Portanto, para bem exercerem suas funções, evitando o *Burnout*, **os gestores da Organização devem cultivar as competências de gestão** (gestão do tempo, estabelecimento de metas, organização, delegação de poderes, avaliação eficaz da equipe, desenvolvimento de competências, liderança, análise crítica, melhoria contínua, planejamento, visão detalhada dos processos que administra, visão geral dos processos da organização) **e de liderança** (motivação, equilíbrio, visão positiva, justiça, iniciativa/proatividade, aprendizagem com os erros, comunicação, foco em resultados, tomada de decisões difíceis, e criatividade), descritas em detalhes no meu livro Cultura de Melhoria: Levando a Organização à Excelência.

ADMINISTRAÇÃO GERAL

A MAIOR CAUSA DE DEMISSÃO!

Você já deve ter ouvido um conhecido adágio corporativo que diz que as pessoas são contratadas pelas suas competências técnicas, mas são demitidas pelas suas competências comportamentais. E, pela minha própria experiência em contratar e demitir nas Organizações, isso parece verdade. Mas, vamos mais longe, vamos ver o que dizem algumas pesquisas.

O QUE DIZEM AS PESQUISAS

Um estudo da consultoria Robert Half ouviu diretores de Recursos Humanos sobre os principais motivos de demissão no Brasil. Os resultados, divulgados na Exame online em 2014, foram os seguintes: baixo desempenho (34%), falta de adequação à Cultura da empresa (26%), relacionamento ruim com a equipe (16%), atrasos e faltas (12%), relacionamento ruim com o superior (10%), outros (2%). Se agruparmos os motivos relacionados com as competências comportamentais, chegamos em 68%.

Outro estudo, divulgado na revista Você S.A., edição de maio de 2000, apontou que 87% das organizações afirmaram demitir profissionais em razão de suas atitudes, temperamento, falta de garra ou por problemas de relacionamento interpessoal, ou seja, problemas relacionados às suas competências comportamentais.

Conheço, ainda, uma pesquisa feita pela Airtasker (plataforma online Australiana que conecta profissionais com clientes) que fez a 800 empregadores a pergunta do porquê que eles demitiram seu último empregado (o total soma mais de 100%): ter questões de atitude (57%), ter questões de personalidade (41%), não realizar a tarefa como esperado (40%), dar assistência fraca (34%), quebrar políticas corporativas (31%), pedir aumento (23%), roubar (20%), atrasar (18%), ganhar demais (13%), outros (3%). Também, aqui, maciçamente as competências comportamentais são responsáveis pela grande maioria dos motivos de demissão.

CONCLUSÃO

Vimos que as competências comportamentais do profissional são decisivas num momento de demissão. Ora, isso nos mostra claramente duas coisas: de um lado as Organizações não conseguem avaliar corretamente as competências comportamentais do candidato, no momento da sua contratação; e de outro, o profissional contratado não cuida de desenvolver as suas competências comportamentais, ou não as valoriza adequadamente, negligenciando-as durante o trabalho. Existe, portanto, para ambas as partes, uma rica oportunidade de melhoria, se atentarem para esse fato.

ADMINISTRAÇÃO GERAL

HOME OFFICE: SONHO OU PESADELO?

Copyright @ Falando de Gestão 3 - Rodrigo Vargas

A pandemia do novo coronavírus, que chegou ao Brasil no início de 2020, mudou, de uma hora para outra, a vida das pessoas. A rotina no trabalho, também foi alterada, e, a partir de março, nós vimos uma migração compulsória do trabalho convencional, na empresa, para o trabalho remoto, chamado *home office*.

No entanto, problemas como adequabilidade do ambiente em casa para a execução do trabalho, disponibilidade de equipamentos, recursos de segurança e privacidade na troca de informações, autodisciplina para trabalhar, separação do trabalho e da vida pessoal, entre outras questões, ganharam atenção.

O *home office* (também chamado de "trabalho remoto" ou "teletrabalho") é o nome que damos, no Brasil, ao trabalho feito remotamente, de casa, ao invés de ser feito dentro da Organização.

O curioso é que, na língua inglesa (Estados Unidos e Inglaterra), esse tipo de trabalho é referenciado como "*work from home*", e abreviado como WFH. Portanto, para você dizer: "Estou trabalhando em *home office*" em inglês, deverá dizer "*I am working from home*".

A PESQUISA DO GESTAOINDUSTRIAL.COM

Ao ver, por conta da pandemia, o *home office* crescer de forma tão grande, quanto súbita, no mundo todo, busquei conhecer a opinião daqueles que se tiveram essa experiência.

Como encontrei pouco material, resolvi colocar uma pesquisa de opinião no GestaoIndustrial.com. Essa pesquisa capturou respostas durante um mês, no período de 07/10/2020 a 11/11/2020, através da tecnologia do *Google Forms*, e, para responder, foi requerido estar logado na conta do Google, para evitar respostas duplicadas. Um total de 417 profissionais responderam à pesquisa de opinião, na qual foram feitas apenas duas perguntas:

1) Você já trabalhou em *home office*?;
2) Onde você acredita que o trabalho é mais produtivo?

E as respostas foram estas:

1) VOCÊ JÁ TRABALHOU EM HOME OFFICE?

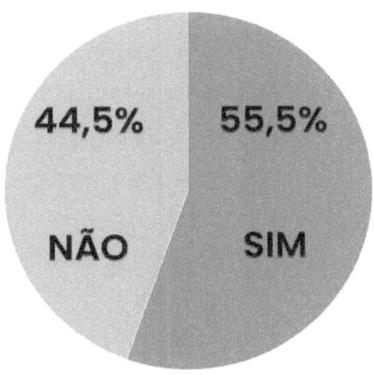

A maioria dos que responderam (55,5%) afirmaram já ter tido experiência de trabalho em *home office*. Lembrando que o perfil dos profissionais que visitam o GestaoIndustrial.com é bastante variado, ocupando, ou não, cargos de gestão.

2) ONDE VOCÊ ACREDITA QUE O TRABALHO É MAIS PRODUTIVO?

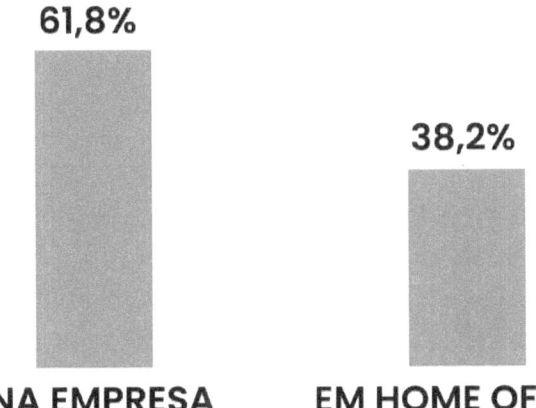

ADMINISTRAÇÃO GERAL

Surpreendentemente, a grande maioria (61,8%) respondeu que acredita que o trabalho é mais produtivo na empresa. Porém, era preciso entender, separadamente, as respostas dos que tiveram a experiência de trabalho em *home office*, e as daqueles que ainda não tiveram essa experiência, para entender melhor a opinião de cada um dos grupos, o que fizemos, a seguir.

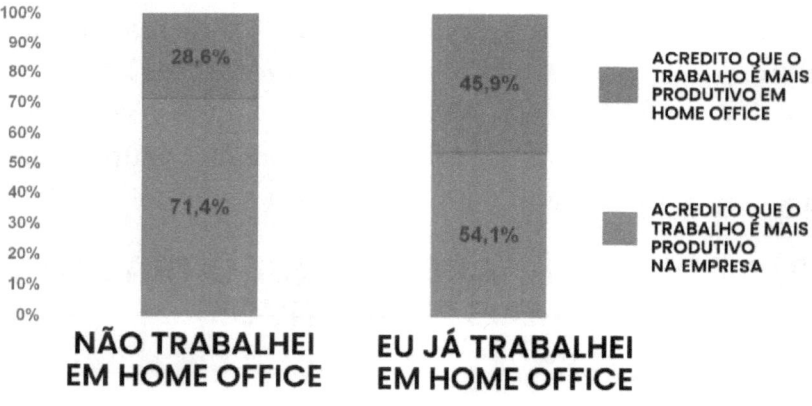

Ao fazer uma análise cruzada, visualizamos claramente a opinião de cada um dos dois grupos (os que já tiveram a experiência do *home office*, e os que ainda não). Mas, ainda assim, daqueles que já tiveram a experiência de trabalho em *home office*, a maioria (54,1%) afirmou que acredita que o trabalho é mais produtivo na empresa.

OUTRAS INFORMAÇÕES

Segundo a pesquisa de Gestão de Pessoas na Crise de Covid-19, liderada pela Fundação Instituto de Administração (FIA), realizada entre 14 e 29 de abril de 2020, com 139 empresas brasileiras (de pequeno a grande porte), com predominância dos setores da Indústria (27%) e Comércio e Serviços (42%), a experiência com o *home office* atingiu a expectativa para 44%, ou a superou, para 50%. Mas, paradoxalmente, 70% delas não pretendem manter esta prática após a pandemia, ou a limitarão a até 25% do seu quadro.

A pesquisa também mostrou que as empresas menores sofreram mais para adequarem seus colaboradores ao *home office*; e no total 67% (entre pequenas, médias e grandes) acusaram ter tido dificuldades; e, quanto às dificuldades encontradas, as mais significativas foram: familiaridade com as ferramentas de comunicação e acesso aos sistemas e documentos de trabalho (34%), comportamento dos funcionários ao acessarem ambientes virtuais de comunicação (34%), atuação da área de TI na preparação da infraestrutura, equipamentos e ferramentas (28%). Outra informação interessante é que 47% das empresas deram o aviso aos funcionários, de que mudariam para o regime de trabalho à distância, com apenas 48 horas de antecedência.

Um experimento de *home office*, publicado há 7 anos, conduzido por Nicholas Bloom, foi realizado em uma agência de viagens chinesa de grande porte. Os funcionários que se ofereceram para *home office* foram designados, aleatoriamente, para trabalhar em casa, ou no escritório, durante um período de nove meses. O estudo mostrou que o trabalho em casa levou a um aumento de 13% no desempenho. Neste estudo, vale ressaltar, que os profissionais analisados haviam se voluntariado ao experimento, o que pressupõe que havia alguma predisposição para o *home office*.

Mas, uma outra pesquisa, do Centro de Inovação da Escola de Administração de Empresas de São Paulo (FGV-EAESP), divulgada em maio de 2020, revelou resultados nem tão estimulantes: 56% dos 464 dos profissionais respondentes encontraram dificuldade com o trabalho remoto; 45,8% apontaram ter havido aumento da carga de trabalho em *home office;* 34% dos entrevistados consideraram difícil (ou muito difícil) manter a motivação; e 36% apontaram ser difícil (ou muito difícil) manter a mesma produtividade.

SONHO OU PESADELO?

Foi noticiado no El País (online), que o Facebook espera ampliar bastante o trabalho em *home office*, nos próximos anos. Zuckerberg, seu fundador e executivo-chefe, acredita que metade dos seus 45.000 funcionários trabalhará remotamente, dentro de uma década.

Um estudo do IPEA, baseado na CDO (classificação de ocupações para pesquisas domiciliares – utilizada na Pesquisa Nacional por Amostra de Domicílio Contínua), mostrou que 22,7% dos empregos no Brasil (o que representa quase 21 milhões de profissionais) podem ser realizados inteiramente em casa, com variações significativas entre os diferentes estados brasileiros, e os tipos de atividades ocupacionais. Não é difícil perceber que há uma nítida tendência no aumento do trabalho remoto, ou *home office*. A questão a se discutir é: quem poderá tirar proveito, quem não; em que situação pode ser aplicado com sucesso, em qual, não. Este mesmo estudo do IPEA aponta que diretores e gerentes (61%), profissionais das ciências e intelectuais (65%), técnicos e profissionais de nível médio (30%), trabalhadores de apoio administrativo (41%) são as ocupações mais passíveis de usufruir do *home office*.

Por outro lado, além da questão do tipo de profissão passível de trabalho remoto, existe ainda a questão da individualidade de cada profissional, que deve, ainda, ser mais bem interpretada. Pois, alguns terão um ambiente mais propício em casa, outros não, considerando fatores como silêncio, vizinhança, infraestrutura, apoio familiar etc. Há outras vantagens subjetivas a se ponderar, como, por exemplo, o tempo de deslocamento até o local de trabalho, que é bastante variável, e que pode se tornar uma grande vantagem para alguns profissionais (na medida que não precisem passar, por exemplo, horas em transporte até o trabalho), mas que, para os profissionais que moram muito próximos da empresa, não pareça vantajoso ficar em casa.

Portanto, respondendo, finalmente, à pergunta feita: se o *home office* é sonho ou pesadelo, eu acredito que vai depender de duas questões básicas: primeiro, diz respeito ao profissional em si, pois ele deve ter a infraestrutura básica em casa, ambiente adequado, organização mínima e disciplina (ou autodisciplina); depois, há que trabalhar em uma atividade que seja condizente com o trabalho remoto. E, exatamente, por conta dessas duas questões (relativas ao profissional e ao tipo de trabalho), e das vantagens e desvantagens subjetivas próprias de cada indivíduo, que já comentamos, poderemos ter dois profissionais na mesma função, em que, um tem aumento de produtividade, e o outro, queda. Assim como, poderemos ter profissionais em funções diferentes, em que ambos tem aumento de produtividade, ou, o contrário. A questão a se considerar, portanto, sobre o *home office* (ou trabalho remoto), é analisar, não apenas o tipo de trabalho executado, mas, também, o profissional envolvido nele; de um lado, adequando o trabalho ao novo ambiente, e, de outro, o próprio profissional a este novo contexto.

10 BOAS RAZÕES PARA CONTRATAR PROFISSIONAIS COM MAIS DE 50 ANOS!

Eu me lembro quando, décadas atrás, eu estava buscando preencher uma determinada vaga na empresa, e, ao entrevistar um profissional, ele não conseguiu esconder a surpresa de ter sido chamado para a entrevista, pois, disse-me ele algo assim à época: "Com toda a experiência que eu tenho, ninguém tem me chamado para entrevistas, e eu acho que é porque tenho 40 anos!". Sim, isso mesmo, com 40 anos de idade, ele estava percebendo uma certa discriminação pela idade, como se estivesse incapacitado para trabalhar (um absurdo!). O que eu fiz? Conduzi o processo de seleção até o final e acabei contratando esse mesmo profissional, que, mostrou-se, depois, no dia a dia do trabalho, um bom profissional!

Infelizmente, há, por parte de várias empresas, regras (equivocadas) para não contratar profissionais com mais idade, e o limite é variável, pode ser 50 anos (mais ou menos). Em geral, essa discriminação se baseia em dois aspectos principais: primeiro, com a idade, podem começar aparecer limitações físicas na pessoa; e, segundo, os profissionais de mais idade são menos habituados com as novas tecnologias.

Essas duas questões, nem de longe, seriam motivos justos para evitar uma contratação; pois, as possíveis limitações físicas são pouco relevantes na grande maioria das situações, principalmente, porque, com os avanços da medicina, existem soluções bastante razoáveis para a maioria dos casos. Além do fato que uma pessoa com 50, 60 ou 70 anos, hoje, tem muito mais saúde e disposição do que há cem anos. Veja o caso do ator Clint Eastwood que, aos 91 anos, lançou um filme produzido, dirigido e protagonizado por ele. Segundo os especialistas em desenvolvimento profissional, Josh Bersin e Tomas Chamorro-Premuzic, em um artigo publicado na Harvard Business Review "The Case for Hiring Older Workers" (O Caso da Contratação de Trabalhadores mais Velhos - em tradução livre), em 2019, evidências científicas mostram que, para a maioria das pessoas, a capacidade mental diminui após os 30 anos, mas o conhecimento e a experiência (fatores críticos de desempenho no trabalho) - continuam aumentando mesmo após os 80 anos. Comentam, ainda que, quando se trata de aprender coisas novas, simplesmente não há limite de idade, e quanto mais as pessoas permaneçam intelectualmente engajadas ao ficarem mais velhas, mais elas contribuirão para o mercado de trabalho.

A questão da tecnologia é, também, algo que pode, em geral, ser vencida com o treinamento adequado. Um trabalho do Centro de Envelhecimento da Universidade de Columbia (Nova York), conta vários relatos de empregadores de profissionais com mais de 50 anos, em que a questão do uso da tecnologia foi superada com sucesso. Portanto, limitar idade em contratações de profissionais não é algo nem razoável, nem inteligente; e nesse artigo, eu vou mostrar por que isso é um grande erro!

AS 10 BOAS RAZÕES

Eu vou listar, a seguir, 10 razões inegáveis para se contratar um profissional com mais de 50 anos:

#1 - **Lealdade / Estabilidade**: em geral, profissionais mais velhos já fizeram muita coisa, e já experimentaram bastante; e, por isso, estão mais focados no seu emprego atual, do que pensando em outra coisa. Segundo o Departamento de Estatísticas do Trabalho dos Estados Unidos (U.S. Bureau of Labor Statistics), a estabilidade dos profissionais com seu empregador atual era mais alta para os trabalhadores mais velhos; por exemplo, num relatório de 2020, consta que a permanência média de trabalhadores com idades entre 55 e 64 anos, em todos os setores, era de 10,4 anos, mais de três vezes os 3,0 anos para trabalhadores com idades entre 25 e 34 anos. Além disso, 52,3% dos empregadores entrevistados disseram que os profissionais mais jovens costumam olhar fora da empresa em busca de novas oportunidades de carreira, enquanto apenas 19,8% disseram que são os mais velhos que o fazem. Os profissionais mais velhos tendem a se interessar mais pela estabilidade, enquanto os mais jovens podem estar mais preocupados em galgar cargos mais altos, o mais rápido possível, dentro ou fora da empresa onde trabalham.

#2 - **Experiência / Competência**: os profissionais de mais idade carregam experiência de trabalho valiosa, e competências já aprendidas em outras Organizações, e todos nós sabemos que há um custo financeiro significativo associado ao treinamento (ainda que tenha alto retorno), bem como, um tempo mínimo para o desenvolvimento de competências. Os profissionais mais velhos trazem não apenas a experiência e o conhecimento acumulado por anos de trabalho, mas, também, experiência de vida. Qualquer Organização pode aproveitar esses pontos fortes do profissional mais velho com o objetivo de superar os desafios do dia a dia do trabalho.

#3 - **Ética**: De acordo com uma pesquisa da Sociedade para Gestão de Recursos Humanos (USA), realizada com profissionais de RH, e publicada em 2014, os profissionais de RH indicaram que as três principais vantagens dos profissionais mais velhos em comparação com os mais jovens foram: mais experiência/competências (77%); mais maturidade (71 %); e maior ética no trabalho (70%). Um estudo da consultoria PewResearchCenter, com uma amostra nacionalmente representativa de 2.020 adultos americanos, apontou que 75% dos entrevistados disseram que os mais velhos têm mais ética, cultivam mais os valores morais e têm mais respeito pelos outros.

#4 - **Maturidade**: os profissionais mais velhos tendem a ser mais equilibrados e, em geral, demandam menos ajuda, com uma capacidade maior de interpretar as situações, e buscar soluções para resolver os problemas de uma maneira mais eficiente em termos de tempo e custo; e essas não são habilidades que alguém possa adquirir da noite para o dia. Com a idade, a pessoa tem um melhor desenvolvimento da inteligência e dos processos emocionais, agindo com mais reflexão, bom senso e prudência; e a maturidade é uma característica sempre bem-vinda em um profissional.

#5 - **Network**: Os funcionários mais velhos costumam ter uma rede mais ampla de conexões, pelo simples fato de estarem no mercado de trabalho há mais tempo; e, por isso, tiveram mais tempo para conhecer pessoas e estabelecer relacionamentos. E, nos negócios, um relacionamento de confiança pode fazer toda a diferença. De acordo com um estudo conduzido pelo Centro de Envelhecimento e Trabalho do Boston College, 46,3% dos empregadores entrevistados disseram que seus funcionários mais velhos têm **redes profissionais** mais fortes, 29,4 % apontaram os profissionais de meia idade, e 16,5%, os mais jovens. Na mesma pesquisa, 44,4% os empregadores entrevistados disseram que os profissionais mais velhos tem **redes de clientes** mais fortes, 29,6% apontaram os profissionais de meia idade, e 15,8%, os mais jovens.

ADMINISTRAÇÃO GERAL

#6 - **Mentoria**: um papel relevante e muito interessante que um profissional mais velho pode desempenhar é o de mentor de colegas mais jovens, ainda que de maneira informal; pois, num ambiente de trabalho, sua experiência e competência pode acabar atraindo o interesse de colegas mais jovens, naturalmente. Em geral, os profissionais de mais idade sentem-se mais à vontade (e mais capacitados) para ensinar o que é importante, seja no trabalho ou mesmo na vida, transmitindo conhecimento. Mas isso, é claro, é bom para ambos; e para a própria Organização.

#7 - **Responsabilidade / Comprometimento**: uma pessoa responsável é aquela que mostra predisposição para aceitar as consequências de seus atos, e ser reconhecido como honesto e confiável. A responsabilidade aumenta com a idade por conta da correlação estreita com a maturidade. Além disso, os profissionais mais velhos estão numa fase em que os grandes desafios da vida (como comprar a casa, criar os filhos) já ficaram para trás, de modo que estão num momento em que podem concentrar sua energia, de modo especial, em seus empregos; dedicando-se ao trabalho com um foco que não era possível quando mais jovens. Além disso, em geral, os profissionais mais velhos relatam maior satisfação no trabalho e são menos propensos a mudar de emprego, segundo um artigo da Associação para Ciência da Psicologia, de modo que acabam tendo um comprometimento maior com seu trabalho.

#8 - **Colaboração**: profissionais com mais de 50 anos são muito mais acostumados a ajudar os outros, e valorizam o trabalho em equipe. Nessa fase, é mais fácil do que nunca deixar a individualidade de lado e trabalhar pelo time. Os profissionais mais experientes, reúnem características fundamentais para pensar e agir colaborativamente: maturidade, ética e responsabilidade.

#9 - **Atendimento ao Cliente**: Os profissionais acima de 50 costumam valorizar o atendimento ao cliente, coisa fundamental na prestação de um serviço de qualidade. Aqui, mais uma vez, a experiência adquirida, a maturidade conquistada, e a expressão de responsabilidade são elementos-chave para proporcionar uma experiência satisfatória quando o cliente busca algum serviço da Organização. Inclusive, a maior satisfação no trabalho, característica dos profissionais mais velhos, implica em uma atenção maior ao cliente e ao seu problema.

#10 - **Diversidade de Idade**: Criar um ambiente diversificado tem inúmeras vantagens. Segundo um artigo da Universidade do Estado de Washington, intitulado "*10 Benefits of Diversity in the Workplace*" (10 Benefícios da Diversidade no Local de Trabalho - em tradução livre), a diversidade dos empregados, com diferentes idades, experiências, gêneros, etnias etc., pode desenvolver a criatividade e a busca de soluções, ajuda a atrair e manter talentos, e agrega valor à Organização e sua marca. Além disso, citam um estudo da consultoria BCG que afirma que as Organizações que têm diversidade nas lideranças inovam mais e têm mais lucratividade. Portanto, contratar profissionais com mais de 50 anos (ou seja, sem discriminar idade) significa um passo importante para criar ou manter um ambiente profissional com diversidade.

Não quero, aqui, fazer parecer que o profissional mais velho tem mais valor, ou é infalível. De modo algum! Todo cuidado que se tem na contratação de qualquer profissional, deve-se ter na contratação do profissional mais experiente. Quero, apenas, mostrar que existem vantagens e desvantagens em contratar um profissional mais velho, assim como tem vantagens e desvantagens em contratar um profissional mais jovem. O objetivo é, tão somente, deixar claro que existem razões de sobra para não evitar as contratações de profissionais com mais de 50 anos, pois existem oportunidades bastante interessantes, como vimos aqui!

CULTURA ORGANIZACIONAL: COMO BUSCAR A EXCELÊNCIA?

Você já deve ter ouvido muita coisa sobre Cultura Organizacional, os seus variados tipos, o que é bom, e o que não é, e todo tipo de definição. Eu costumo dizer que a Cultura Organizacional nada mais é do que o conjunto de valores e crenças que vai determinar a forma de pensar e agir das pessoas que a formam. Durante meu trabalho como gestor, a minha maior preocupação sempre foi estabelecer uma Cultura que fosse, ao mesmo tempo, competitiva, eficiente, e aberta às mudanças, mas que proporcionasse um ambiente de trabalho agradável e onde prevalecesse o respeito; pois isso é o que, basicamente, leva uma Organização ao sucesso, garantindo a satisfação das partes envolvidas, a lucratividade, e a perpetuidade. Isso é o que eu chamo de Cultura de Melhoria, que, em resumo, é a Cultura Organizacional focada nos aspectos de eficiência, inovação e ambiente de trabalho.

OS TIPOS IMPORTAM?

Na verdade, não importa se uma Organização tem uma Cultura mais tradicional ou mais moderna, mais formal ou mais informal, ou seja lá qual for a definição que se dê, desde que ela esteja focada em atingir e manter uma alta eficiência, com inovação e bom ambiente de trabalho, buscando, assim, uma Cultura de Melhoria. O bom senso é o que importa!

A FORMAÇÃO DA CULTURA DE MELHORIA

Os vários anos de trabalho em cargos de responsabilidade gerencial, me mostraram que os fatores críticos do sucesso na formação de uma Cultura de Melhoria são:

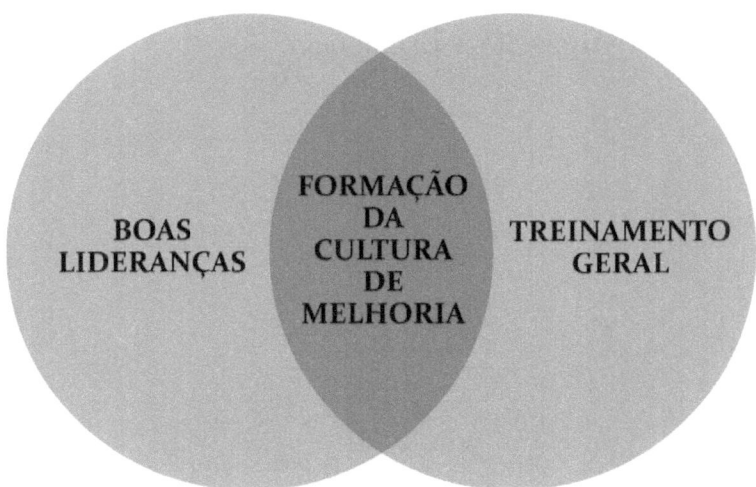

- **Boas Lideranças**
    - As boas lideranças são capazes de inspirar pessoas e fazê-las enxergar um caminho melhor a ser percorrido, com vontade e disposição!
    - As boas lideranças conseguem desenvolver os membros das equipes, de modo a serem capazes de atingir melhores resultados!
- **Treinamento Geral**
    - O treinamento deve ser amplo, de modo a atingir todos os membros da Organização;
    - O treinamento deve ser focado na necessidade de cada um, e nas competências que precisam ser desenvolvidas;
    - O treinamento é um importante fator motivacional

Eu tive a felicidade de ter conseguido implantar Cultura de Melhoria na grande maioria das Organizações onde trabalhei, considerando, claro, as áreas pelas quais eu fui responsável. Esse tema é tão rico e motivador, que eu escrevi um livro inteiro sobre ele: Cultura de Melhoria - Levando a Organização à Excelência.

O QUE NÃO PODE FALTAR NA INTEGRAÇÃO DE UM NOVO COLABORADOR?

O processo de integração de um novo colaborador é o treinamento aplicado antes do início efetivo de seu trabalho, com a finalidade de aculturá-lo à Organização e ao novo ambiente de trabalho, e prepará-lo, com as informações essenciais, para ser incorporado à sua equipe de trabalho, independentemente da função que irá exercer. O processo de integração do novo colaborador é importante para mostrar como é a Cultura Organizacional, e o que se espera dele nesse aspecto. Um processo de integração eficaz deve incluir alguns pontos fundamentais, que eu listo a seguir: apresentação dos novos colaboradores; apresentação dos produtos/serviços da Organização e de sua história; apresentação da missão da Organização, seus valores, e a visão de futuro; apresentação das políticas corporativas (normas internas; benefícios; normas de segurança); *tour* pelas instalações; encaminhamento do novo colaborador ao seu setor de trabalho.

O QUE NÃO PODE FALTAR NA INTEGRAÇÃO DO NOVO COLABORADOR?

Vamos, então, ver em detalhes, cada um dos pontos essenciais na integração de um novo colaborador:

- **Apresentação dos novos colaboradores**: embora esse não seja exatamente um ponto essencial, eu recomendo, desde que possível, iniciar o treinamento de integração com a apresentação de cada um dos novos colaboradores (cada novo colaborador se apresenta, dizendo seu nome, sua experiência, e em que área irá trabalhar); e isso tem várias finalidades: serve como um aquecimento, tira os novos colaboradores da situação de conforto, como meros espectadores, e os faz se conectarem com a importância do momento e da sua participação no todo.

- **Apresentação dos produtos/serviços da Organização e de sua história**: a integração pode começar com um vídeo (se houver) ou uma apresentação em software sobre a Organização e os produtos e/ou serviços que fornece, além de falar da origem e da situação atual da Organização, incluindo os mercados onde atua; isso faz com que os novos colaboradores recebam a informação básica sobre a área de atuação da Organização, seus produtos e/ou serviços.

- **Apresentação da missão da Organização, seus valores, e a visão de futuro**: esse é um momento importante do aculturamento, pois, os valores da Organização devem ser muito bem entendidos por todos, portanto, deve-se dar bastante atenção na explicação de cada um dos valores, inclusive, exemplificando-os para mostrar o que, na prática, significam. Algumas Organizações incluem a missão, visão e valores no próprio vídeo de apresentação dos produtos/serviços da Organização, isso não é um problema, mas eu recomendo que, após o final do vídeo, faça-se uma nova abordagem dos valores, com as explicações e exemplificações propostas.

- **Apresentação das políticas corporativas (normas internas; benefícios; normas de segurança)**: todas as normas internas, benefícios, e normas de segurança, devem ser, não apenas informadas, mas é importante que sejam sanadas todas as dúvidas, coletando, inclusive, a assinatura dos colaboradores para comprovar que as receberam e que foram entendidas.

- *Tour* **pelas instalações**: cumprindo-se, rigorosamente, todas as normas de segurança já informadas, o grupo segue para a visitação às instalações da Organização, pelo menos nas áreas mais importantes e que podem receber visita.

- **Encaminhamento do novo colaborador ao seu setor de trabalho**: terminada a visitação, cada novo colaborador deve ser encaminhado à sua área de trabalho, preferencialmente, levado à presença de sua chefia direta.

O tempo de duração de um treinamento de integração é muito variável, pois depende muito do porte da

CULTURA ORGANIZACIONAL

Organização e do número de pessoas envolvidas; o fundamental é que haja tempo suficiente para que os pontos básicos da integração sejam repassados aos novos colaboradores com eficácia, pois, como eu disse, esse é um importante momento de aculturamento, e não deve ser nem negligenciado, nem apressado.

PROCRASTINAÇÃO - COMO LIDAR COM ISSO?

O dicionário Aulete tem uma definição muito objetiva de procrastinação: "Deixar para depois; adiar; postergar". E conhecemos bem isso! Ocorre, por exemplo, quando inventamos todo tipo de desculpa para evitar começar aquele curso de especialização, ou para evitar iniciar a dieta ou a academia. A origem da palavra vem do latim *pro* (a favor) e *cras* (amanhã), ou seja, a favor do amanhã (*pro* + *cras*). Segundo o Dr. Jeff Czarnec, decano associado da Universidade Southern New Hampshire (responsável por supervisionar os programas de justiça criminal, ciência política, antropologia, serviços humanos e estudos de justiça), nós fomos programados para procrastinar, pois nossos ancestrais, para sobreviver, tiveram que se concentrar nas tarefas de caça e coleta que davam a recompensa imediata; eles não conseguiam dar atenção a atividades que podiam atrasar as recompensas, como armazenar alimentos para um dia chuvoso ou praticar técnicas corretas de colheita de alimentos.

A procrastinação, de fato, ocorre com a grande maioria das pessoas. Segundo uma pesquisa de Darius Foroux, especialista em produtividade e procrastinação, com a participação de 2.219 profissionais, o percentual de profissionais que procrastinam ao menos 1 hora do dia foi de 88% - era perguntado quanto tempo a pessoa havia procrastinado no dia anterior? A pesquisa mostrou ainda que: 80% dos trabalhadores assalariados procrastinaram de 1 a 4 horas no dia, e 76% dos empreendedores procrastinaram de 1 a 4 horas no dia.

TEORIA DA MOTIVAÇÃO TEMPORAL

Piers Steel, pesquisador da Universidade de Calgary no Canadá, estabeleceu a chamada *Temporal Motivation Theory* (Teoria da Motivação Temporal - em tradução livre) que, em síntese, é uma equação com 4 variáveis e que procura, de outra maneira, explicar a procrastinação, pois, quanto menor a motivação, tanto maior a probabilidade de procrastinar.

Motivação = (Expectativa x Valor) / (Impulsividade x Demora)

A **Motivação** indica a preferência por uma determinada ação, ou pela execução de uma determinada tarefa. No numerador da equação temos duas variáveis:

- **Expectativa:** refere-se à probabilidade de um resultado ocorrer. Naturalmente, tendemos a preferir atividades que tem mais chances de o resultado esperado ocorrer;
- **Valor:** refere-se a quão recompensador é esse resultado. Naturalmente, gostaríamos de escolher atividades que nos deem uma boa chance de obter um bom resultado.

No denominador também temos duas variáveis:

- **Impulsividade:** refere-se à sua capacidade de focar no objetivo, quanto mais impulsivo, mais disperso ou distraído você pode ser. Mais impulsivo, menor será a motivação para a atividade;
- **Demora:** indica quanto tempo você deve esperar para receber a recompensa esperada em realizar a tarefa. Quanto mais longe for a data de se obter a recompensa, ou seja, quanto maior o atraso, menor será a motivação para realizar a tarefa.

CONSEQUÊNCIAS DA PROCRASTINAÇÃO

Além do fato em si, de não realizar a tarefa devida, e todas as consequências que esse fato traz, existem alguns outros aspectos relevantes a serem discutidos em relação às consequências da procrastinação, em especial, à saúde da pessoa procrastinadora. Segundo a Dra. Fuschia Sirois, psicóloga e pesquisadora da Universidade de Sheffield (UK), em seu artigo *Procrastination and the Priority of Short-Term Mood Regulation: Consequences for Future Self* (Procrastinação e Prioridade da Regulação do Humor de Curto Prazo: Consequências para o Futuro Próprio - em tradução livre), publicado em 2013, existem importantes impactos da procrastinação no bem-estar da pessoa; ela relaciona os seguintes: enfraquecimento da saúde mental, ansiedade, depressão, e estresse.

8 RAZÕES COMUNS DA PROCRASTINAÇÃO E COMO LIDAR COM ELAS

Conhecer e entender as razões da procrastinação, já é meio caminho para aprender a lidar melhor com isso. Em geral, as razões pelas quais as pessoas procrastinam são: incompetência, desinteresse, dificuldade, falta de objetividade, hábito de procrastinar, inércia; espera, falta de tempo.

#1 - Incompetência: Ocorre quando, simplesmente, não sabemos como fazer a tarefa.

O que fazer? Quando não nos sentimos capazes, ou não acreditamos que tenhamos a competência devida para a realização da tarefa, de duas, uma: ou essa tarefa não deveria ser de nossa responsabilidade, ou deveríamos desenvolver a competência requerida, para realizá-la, e, se preciso for, pedindo ajuda. O que não devemos fazer, é ficar procrastinando...

#2 - Desinteresse: Nesse caso, a falta de vontade pode ocorrer porque não vemos importância na tarefa, ou porque ela é muito chata.

O que fazer? O Dr. Jeffrey S. Czarnec, decano associado da Universidade Southern New Hampshire, responsável por supervisionar os programas de justiça criminal, ciência política, antropologia, serviços humanos e estudos de justiça recomenda tentar dar um ar de "jogo" a uma tarefa desinteressante. Por exemplo, escrever um relatório que você não tem vontade de fazer, usando um cronômetro para ver quantas palavras você consegue escrever em um período. De todo modo, busque criar interesse, seja pensando nos potenciais resultados, seja pelo aprendizado, ou, ainda, pela boa sensação de eliminar uma pendência.

#3 - Dificuldade: Até sabemos executar a tarefa, mas sabemos que é difícil, e, por isso, podemos ir deixando ela para depois, indefinidamente.

O que fazer? Experimente o método da fragmentação. Se a tarefa parecer grande demais, enfrentar tudo de uma vez pode parecer impossível. Então, divida a tarefa em partes, inicie com um tempo mínimo, algo que pareça fácil. Segundo o Dr. Czarnec, essa técnica provou diminuir a resistência de muitos procrastinadores. Enfim, entender exatamente qual é a dificuldade da tarefa, e buscar compensá-la, ou minimizá-la, deve ser o seu objetivo!

#4 - Falta de Objetividade: Ocorre por não acreditarmos na importância de "quando" será feita a tarefa, ou por não haver um prazo determinado.

O que fazer? É importante lembrar que as metas de longo prazo somente serão alcançadas com a realização de atividades de curto prazo, as quais podem facilmente ser vítimas de procrastinação. Procure, então, estabelecer ou identificar os objetivos que lhe dizem respeito, sejam os de curto prazo, sejam os de longo prazo, pois, em geral, a objetividade facilita a ação; aproveite isso!

#5 - Hábito de Procrastinar: Ocorre quando temos o hábito de esperar até o último minuto para iniciar ou para encerrar a tarefa – podemos fazer isso porque gostamos de trabalhar sob pressão, ou porque, simplesmente, temos esse mal hábito.

O que fazer? Projete as consequências da procrastinação. Pergunte-se qual é o preço que você pagará pela procrastinação? Entenda qual poderá ser o impacto na sua carreira, família, saúde e assim por diante, se você procrastinar determinada tarefa? Isso ajuda a quebrar o hábito da procrastinação.

#6 - Inércia: Acontece quando não temos a iniciativa de iniciar a tarefa, e precisamos de - ou esperamos – encorajamento.

O que fazer? Comece alguma coisa. Mãos à obra! Frequentemente, a parte mais difícil é dar o primeiro passo. Agir é fundamental! Encoraje-se!

#7 - Espera: Nesse caso, aguardamos, indefinidamente, o momento perfeito para realizar a tarefa (ou projeto) – e esse é um dos motivos pelos quais dizemos que "O ótimo é inimigo do bom".

O que fazer? Não espere pelo momento perfeito para encarar a tarefa, ele pode não chegar nunca, e, na grande maioria das vezes, não é necessário para realizar a tarefa a contento. A maioria das pessoas que iniciam uma tarefa, não o fazem porque é o momento perfeito, mas porque a tarefa deve ser feita. Lembre-se de que "o ótimo é inimigo do bom".

#8 - Falta de Tempo: Ocorre quando, por excesso de trabalho, desorganização, ou mal planejamento, não encontramos tempo para realizar a tarefa.

O que fazer? Desconectarmos das coisas que nos distraem, ou nos sobrecarregam de algum modo, é fundamental para focarmos em nossos objetivos e tarefas. Analise o porquê você está sem tempo, e se isso tem sido corriqueiro, ou é uma situação esporádica. É fundamental que você se organize melhor, e se planeje melhor; ou seja, é fundamental fazer uma boa gestão do tempo.

A RECOMPENSA IMEDIATA DO BEM

Além dessas técnicas já apresentadas, eu tenho usado uma que tem funcionado bem para mim. Como nós fomos programados para dar preferência às recompensas imediatas (por exemplo, comer o pedaço de bolo agora do que esperar meses para ver o resultado de uma boa dieta), eu uso exatamente isso para contra-atacar, ou seja, eu crio uma outra recompensa imediata (do bem) coerente com o que eu quero. No caso do bolo, a recompensa imediata é o prazer de comer o doce, pois eu crio uma recompensa imediata do bem, no caso de eu não comer o bolo, que é "deixar de engordar" e poupar o corpo de ingerir açúcares e gorduras de baixa qualidade. Isso quer dizer que eu não preciso esperar meses para meu cérebro perceber a recompensa, ela é imediata, mas é do bem, e de acordo com meu raciocínio lógico. Ao não ingerir o bolo, o doce, o chocolate, ou o que quer que seja que você queira evitar comer para manter a sua dieta, você pode imaginar a sua cintura imediatamente "deixando de aumentar", é você "deixando de engordar".

Outro exemplo é o caso daquele relatório que você vem postergando e nunca acha tempo para fazer. Imagine que a recompensa imediata do bem, nesse caso, poderia ser você se sentir aliviado por começar o relatório. Sim, o importante é começar, proponha-se a formatar o relatório, ou escrever pelo menos o primeiro parágrafo. Ao buscar esse alívio, tirar esse peso das costas, você consegue iniciar o relatório, que, numa outra ocasião, poderá ser continuado, e com muito mais facilidade. Esses são só alguns exemplos, você pode criar a recompensa imediata do bem para qualquer coisa que você precise fazer (exemplo do relatório), ou que você não queira fazer (no exemplo do bolo).

CONCLUSÃO

Nosso neocortex (cérebro racional) foi desenvolvido há uns 200.000 anos, enquanto o homem e seu cérebro instintivo tem mais de 2 milhões de anos. Isso torna algo desafiador executar tarefas que se sobreponham ao nosso instinto. Escrever um relatório quando você está cansado, organizar um armário quando você está com fome, ou fazer limpeza quando prefere se distrair na televisão, são alguns exemplos da disputa interna que travamos para não procrastinar. É o racional travando a batalha contra o instintivo. Apesar disso, o fato é que evoluímos, e não podemos nos contentar em ter um comportamento primitivo. Mas não se culpe, pois isso não vai ajudá-lo! O mais importante é ter consciência dos mecanismos da procrastinação, e agir de modo a lidar melhor com isso, usando as técnicas para evitar, ou minimizar, a procrastinação! Aja com confiança e boa sorte!

COMO PENSAR MELHOR ANTES DE DECISÕES IMPORTANTES?

Seja para decidir sobre a fusão de empresas ou a nova estratégia de Marketing, ou mesmo sobre a sua mudança de emprego, é importante pensar bem e refletir o suficiente em cima das alternativas; acontece que, nem sempre, o fazemos. Esses são apenas alguns exemplos de decisões importantes e com consequências relevantes na vida da Organização, ou mesmo na sua própria vida. Nesse artigo vamos falar sobre como pensar melhor antes de tomar decisões.

É importante deixar claro que existem situações em que, embora tenhamos refletido bastante, acabamos tomando decisões equivocadas; assim como existem situações em que, com pouca (ou nenhuma) reflexão, tomamos decisões que acabam se mostrando acertadas. A possibilidade de erro em decisões sempre irá existir, o que devemos buscar é, na medida do possível, reduzir essa possibilidade de erro.

PENSAR RÁPIDO E DEVAGAR

No seu best-seller Rápido e Devagar: Duas Formas de Pensar, publicado em 2011, Daniel Kahneman (Prêmio Nobel de Economia de 2002) explica que temos duas formas de pensar e tomar decisões: a rápida e a devagar. A rápida (sistema 1) ele diz que é aquela "automática", cuja resposta nos vem automaticamente, sem pensar, intuitivamente, baseado em emoções e impressões. A Devagar (sistema 2) é aquela que nos exige parar e pensar, usar a memória ou o raciocínio consciente, estar concentrado e manter a atenção. Ele dá o seguinte exemplo: as perguntas sobre quanto é 2 + 2 será respondida pelo seu sistema 1, enquanto a resposta de quanto é 17 x 24 será respondida pelo seu sistema 2. Kahneman diz que, enquanto nosso sistema 1 funciona automaticamente, o sistema 2 permanece em modo de espera, com pouco esforço. Quando tudo funciona, o sistema 1 fornece continuamente informações ao sistema 2, e este adota essas escolhas com pouca ou nenhuma modificação. Porém, quando o sistema 1 não fornece uma resposta (como no caso da multiplicação de 17 x 24), o sistema 2 é mobilizado. Kahneman diz que o erro pode aparecer quando você deveria utilizar o sistema 2, mas utiliza apenas o sistema 1. A compreensão de que existem essas duas formas de pensar pode nos ajudar na tomada de decisões, sejam elas profissionais ou pessoais.

PENSAR 2 VEZES

No livro Think Twice: Harnessing the Power of Counterintuition (Pense Duas Vezes: Aproveitando o Poder da Contraintuição - em tradução livre), de Michael J. Mauboussin, publicado em 2009, o autor diz que ninguém, intencionalmente, toma más decisões, porém, as tomamos com frequência. Por exemplo, alguns dos piores desastres da história recente, como o colapso dos principais bancos de investimento, foram o resultado de decisões aparentemente razoáveis, tomadas por muitas pessoas inteligentes. Michael Mauboussin argumenta que isso ocorre porque o processo correto para decidir bem, especialmente quando os riscos são altos, entra em conflito com a forma como nossas mentes funcionam naturalmente. Quando somos confrontados com situações complexas, nosso cérebro tenta reverter para padrões simplificados que acabam obscurecendo abordagens que seriam melhores para o problema; e mesmo quando pensamos que estamos aplicando lógica e razão, podemos estar, subconscientemente, sucumbindo a influências sociais ou situacionais. Mauboussim diz que podemos melhorar a nossa tomada de decisão aprendendo a "pensar duas vezes", elencando uma série de recomendações:

- **Ter uma Visão de Fora**: nas mais variadas situações, devemos ter em mente que, muito provavelmente, outros podem ter enfrentado o mesmo problema, de modo que nós podemos aprender com os resultados de outras decisões semelhantes. Os erros geralmente acontecem porque confiamos demais em nossas habilidades, acreditando que estamos acima da média (ilusão de superioridade), e, também, porque tendemos a ser otimistas demais (viés otimista). Outro problema está relacionado ao fato de não consideramos devidamente possíveis eventos aleatórios não sujeitos ao nosso controle.

- **Ter uma Visão Ampla**: em geral, nós não consideramos opções alternativas suficientes porque nossa mente tende a usar modelos que simplificam demais as situações, e os vieses mais conhecidos são a ancoragem (referência inicial), e a disponibilidade (considerar mais provável o evento mais mencionado). Para evitar os erros, considere explicitamente alternativas, busque discordar, e evite tomar decisões quando estiver sob forte emoção. Evite o Viés da Retrospectiva (*Hindsight Bias*), que se refere à tendência de as pessoas perceberem eventos que já ocorreram como sendo mais previsíveis do que realmente eram antes de ocorrerem.

- **Analisar Criticamente a Opinião de Especialistas**: pelo fato de termos, em geral, uma confiança acrítica nos especialistas, Mauboussin lembra que as habilidades de previsão dos especialistas em todos os campos não são tão boas em prever o futuro quando a incerteza está envolvida, dizendo que a "sabedoria das multidões" é mais confiável (em referência ao pensamento de James Surowiecki, que defende a ideia de que grandes grupos de pessoas são mais espertos do que uma elite de poucos - não importa quão brilhantes - sendo melhores na solução de problemas, na promoção da inovação, na tomada de decisões sábias e até na previsão do futuro). As soluções apontadas incluem a busca pela diversidade de opiniões e o uso da tecnologia, sempre que possível, para a tomada de decisões.

- **Cuidar com o Efeito Situacional**: muitas vezes não nos damos conta do quanto somos influenciados pelos outros e por nossos próprios sentimentos. Mauboussin narra um interessante experimento de venda de vinhos franceses e alemães em uma loja: quando a música francesa era tocada, 77% das vendas eram vinhos franceses; mas quando a música alemã era tocada, 73% das vendas eram vinhos alemães; no entanto, 86% dos compradores negaram ter sido influenciados pela música. Mauboussin cita, também, o famoso experimento da Prisão de Stanford, que foi realizado na Universidade de Stanford por um grupo de pesquisa liderado pelo professor Philip Zimbardo, usando estudantes universitários que aceitaram participar. Os estudantes rapidamente adotaram seus papéis designados, com alguns "guardas" aplicando medidas autoritárias e excessivas (indo além do que era permitido pelas regras do experimento), e submetendo alguns "prisioneiros" à tortura psicológica, enquanto muitos presos aceitaram passivamente o abuso psicológico naquela situação. O prof. Zimbardo conclui dizendo que o que somos é moldado tanto pelos sistemas que governam nossas vidas (riqueza e pobreza, geografia e clima, época histórica, domínio cultural, político e religioso), quanto pelas situações específicas com as quais lidamos diariamente.

- **Atentar aos Sistemas Complexos**: O raciocínio de causa e efeito pode falhar quando os sistemas são complexos porque o todo é maior que a soma das partes. Focar o motivo pelo qual os indivíduos em um sistema fazem algo pode não ajudar a explicar como o sistema inteiro funciona. Entenda as regras que governam todo o sistema e não as regras que orientam os participantes individuais. O autor cita o conceito de Inteligência de Enxame, que é o comportamento coletivo em sistemas descentralizados e auto-organizados (a expressão foi introduzida por Gerardo Beni e Jing Wang, em 1989, no contexto de sistemas robóticos celulares). Mauboussin diz ainda que a irracionalidade do mercado não decorre da irracionalidade individual, e que alterações em um componente do sistema afetam o todo. Recomenda usar simulações para construir sistemas complexos.

- **Considerar que Correlação não Implica em Causalidade**: Mauboussin explica que a ocorrência concomitante de dois eventos não implica, necessariamente, em que um seja a causa do outro. Por exemplo, se no mês mais quente do verão o quiosque de sorvete vendeu mais, e o de água de coco também, não quer dizer que um seja a causa do outro, pois a causa de ambos é o calor. Ou seja, para haver causalidade, a variável "x" deve ser função de "y", e não deve haver "z" que cause "x" e "y".

- **Esteja Preparado para os Momentos** *Ah-Whoom*: Se você colocar uma bandeja de água no freezer, a temperatura da água cai gradualmente até o ponto de congelamento. A água permanece líquida até que - ah-whoom! - vira gelo. Mauboussin explica as transições de fase, nas quais pequenas mudanças incrementais levam a efeitos em larga escala. Considere os valores extremos em uma distribuição, atentando para os Cisnes Negros (como descrito por Nassim Taleb, no livro de mesmo nome), pois, em geral, consideramos eventos altamente improváveis como impossíveis de ocorrer.

- **Não Contar com a Sorte**: Embora devamos ser sempre positivos e torcer para que o melhor aconteça, estruturar nossas decisões contando com a sorte é algo extremamente temerário. Mauboussin diz que qualquer sistema que combine habilidade e sorte reverterá para a média ao longo do tempo, pois, não considerar isso faz as pessoas pensarem que são especiais e que as regras de probabilidade não se aplicam a elas. Isso é reforçado pelo Efeito Halo que é a tendência em avaliar positivamente determinada característica, baseada em uma impressão positiva de outra característica não relacionada.

TRÊS CRITÉRIOS PRÁTICOS

No meu livro 52 Bons Hábitos de Gestão, Liderança e Relações Humanas, eu recomendo, ao tomar uma decisão, considerar 3 critérios básicos:

- Princípios Morais: pense se a decisão está em linha com os princípios morais (boa-fé);
- Justiça: analise se a decisão é justa;
- Maior Benefício: veja se o resultado proporcionará o melhor benefício possível para o coletivo, para a Organização, para o time como um todo;

Portanto, antes de tomar decisões importantes, ou que envolvam alto risco, pense melhor, pense duas vezes!

O ASNO DE BURIDAN

Quando minha avó me pegava pensativo, quieto, era comum ela brincar comigo dizendo: "Pensando, morreu um burro!" Esse é um ditado conhecido e, confesso, demorei a entender o real significado. O problema não é pensar, é claro, pois esse é um recurso magnífico que temos; o problema é não agir quando devemos agir.

O ASNO DE BURIDAN

A origem desse ditado vem do século XIV, quando o filósofo francês Jean Buridan formulou o seguinte paradoxo: um asno, estando faminto, encontra dois generosos maços de feno. Esses maços, porém, estão equidistantes dele, e isso faz com que o asno não encontre razões para ir a um, ou ao outro; acabando por morrer de fome. Esse paradoxo ilustra, na verdade, o risco de se estender demasiadamente na análise de uma escolha, deixando de se tomar ações que seriam necessárias. Por isso o ditado popular: pensando, morreu um burro...

ARISTÓTELES

Aproximadamente 18 séculos antes de Buridan, Aristóteles já havia formulado esse paradoxo no seu tratado On the Heaven (Sobre o Céu), quando ele diz: ... *homens que tem igualmente muita fome e sede, estando equidistantes de comida e bebida, estarão, portanto, obrigados a permanecer onde estão* ... (em tradução livre). Apenas como curiosidade, Aristóteles, nesse tratado, não falava sobre o comportamento humano, mas, sim, sobre astronomia; especificamente no capítulo onde ele formula o paradoxo, falava sobre a forma e movimentação do planeta Terra e buscava ilustrar seu pensamento.

SEMELHANÇA COM O PARADOXO DE FREDKIN

Em 1986, o matemático americano, Marvin Minsky, em seu livro *Society of Mind*, fala do Paradoxo de Fredkin, que ele atribui ao cientista da computação Edward Fredkin, e que diz o seguinte: *Quanto mais atraentes duas alternativas parecerem, mais difícil será escolher entre elas - não importa que, num mesmo grau, a escolha só possa importar menos.* Há uma evidente relação entre Fredkin e Buridan, pois ambos falam da dificuldade na escolha entre duas alternativas parecidas.

A questão, obviamente, que envolve esses pensamentos, seja Aristóteles no século IV a.c., seja Buridan no século

XIV, ou Fredkin no século XX, é pensar e agir; não é agir sem pensar! Quem já não se pegou pensando demais sobre determinada escolha, sem levar a cabo qualquer ação efetiva? Eu já! Afinal, a intenção precisa de ação para se realizar. Por isso, pense duas vezes, e aja quando tiver que agir!

CONHEÇA AS COMPETÊNCIAS SOCIOEMOCIONAIS (SOFT SKILLS) QUE AS EMPRESAS ESTÃO BUSCANDO!

Até algumas décadas atrás, a preocupação do profissional que queria construir um currículo sólido era ter uma boa preparação acadêmica, cursos de extensão, pós-graduação, e todo treinamento que oferecesse robustez ao conjunto de suas competências técnicas (*hard skills*); mas pouca importância se dava às competências socioemocionais (*soft skills*). Pois, assim era, também, a forma com que pensavam os recrutadores, em geral. Hoje em dia, ao contrário, começou-se a valorizar sobremaneira as competências socioemocionais, tanto quanto as técnicas, ou até mais.

As competências socioemocionais são aquelas que permitem ao profissional criar bons relacionamentos interpessoais, e manter um bom controle emocional; com o objetivo de executar bem suas tarefas, manter um bom ambiente de trabalho, e contribuir para o sucesso coletivo.

EMPREGADORES VALORIZAM CADA VEZ MAIS AS COMPETÊNCIAS SOCIOEMOCIONAIS

O website CareerBuilder.com divulgou uma pesquisa, em 2014, com 2.138 gerentes e profissionais de recursos humanos, em que 77% acreditam que as competências socioemocionais são tão importantes quanto as competências técnicas, e 16% dos empregadores consideram que as competências socioemocionais são mais importantes que as técnicas, na avaliação de candidatos a um emprego.

O *Wall Street Journal* revelou num artigo intitulado "Employers Find Soft Skills Like Critical Thinking in Short Supply", publicado em 2016, que as competências socioemocionais estão em maior demanda do que nunca. O jornal aponta que, em uma pesquisa feita com quase 900 executivos, 92% disseram que as competências socioemocionais eram tão ou mais importantes que as competências técnicas.

A rede profissional LinkedIn fez uma pesquisa, em 2018, com 4.000 profissionais (1.200 profissionais de desenvolvimento de talentos, 2.200 empregados, 200 executivos, 400 gestores) e as 4 competências mais importâncias a serem desenvolvidas em programas de treinamento eram: **liderança, comunicação, colaboração,** e competências específicas do trabalho. Em 2019, o LinkedIn utilizou seus próprios dados para determinar as habilidades que as empresas mais buscavam e encontrou o seguinte: **criatividade, persuasão, colaboração, adaptabilidade, e gestão do tempo.**

A NASA considera, hoje (quando consultei seu website), para candidatos a uma posição de astronauta, os seguintes requisitos: ser cidadão dos EUA; ter mestrado nas áreas de engenharia, ciências biológicas, ciências físicas, ciência da computação ou matemática, de uma instituição credenciada; ter no mínimo dois anos de experiência profissional relacionada, obtida após a conclusão do curso, ou pelo menos 1.000 horas de tempo como piloto em comando de aeronaves a jato; ser capaz de passar no teste físico de voo de longa duração da NASA; além das **competências de liderança, trabalho em equipe e comunicação**. Eu, há alguns anos atrás, assisti a uma entrevista com um astronauta, em que ele comentava a importância que as competências socioemocionais tem para o astronauta, pois, explicava ele, alguns poucos astronautas enclausurados por meses em uma estação espacial precisam se entender e se relacionar bem, todo dia.

A 9ª edição da pesquisa Índice de Confiança Robert Half, cujas respostas foram coletadas de 02 de julho a 02 de agosto de 2019, revelou a importância que os recrutadores estão dando às competências socioemocionais, num processo de contratação. Em relação à pergunta "Quais são as três habilidades mais observadas ao recrutar para funções plenas e seniores?", respondida por 387 recrutadores, os números revelaram que as 5 primeiras posições foram: **trabalho em equipe/relacionamento interpessoal** (50%), experiência (48%), **proatividade** (40%), **boa comunicação** (32%), olhar estratégico (32%). Dessas cinco competências, três delas (relacionamento interpessoal, proatividade e boa comunicação) são puramente socioemocionais.

A sucursal italiana da HAYS, consultoria internacional de recrutamento, publicou, em 2020, um artigo intitulado "6 Competências Socioemocionais Necessárias na Nova Era do Mundo do Trabalho" - em tradução livre (6 Soft Skill di Cui Avrai Bisogno nella Nuova Era del Mondo del Lavoro), em que aponta as seguintes competências socioemocionais como essenciais para ter sucesso no futuro do trabalho: **adaptabilidade** (capacidade de aceitar e se adaptar às mudanças), **disposição para aprender** (vontade de se instruir), **inteligência emocional** (capacidade de entender outras pessoas, o que as motiva e como trabalhar em cooperação com elas), **boa comunicação** (capacidade de realizar uma comunicação eficaz), **solução de problemas** (capacidade para enfrentar os problemas, buscando solução), **criatividade** (capacidade de gerar e desenvolver ideias e soluções para que os prazos sejam cumpridos e os resultados sejam alcançados).

CONCLUSÃO

Não existe, obviamente, uma unanimidade sobre quais são as competências socioemocionais mais importantes, porém, o que parece consenso é que elas são cada vez mais necessárias e procuradas pelas Organizações. De todo modo, permito-me fazer uma lista das 4 mais importantes competências socioemocionais para colaboradores de qualquer função (para ver as principais competências de um gestor, veja este meu artigo), baseado no que foi exposto e, também, na minha experiência:

- **Boa comunicação** (capacidade de entender e ser entendido de forma eficaz)
- **Adaptabilidade** (flexibilidade/disposição a mudanças)
- **Solução de problemas** (capacidade de enfrentar problemas e buscar soluções)
- **Colaboração** (trabalho em equipe, capacidade de somar com os outros para buscar resultados)

Portanto, se você quer aprimorar sua empregabilidade, atingir resultados, e estar preparado para novos desafios, desenvolva essas competências!

7 PRINCÍPIOS PARA SER MAIS FELIZ NO TRABALHO (E NA VIDA)

"A felicidade depende de nós mesmos - Aristóteles"

Se você pensa que irá descobrir alguma novidade, lamento, mas não irá. Tudo o que eu vou lhe contar, absolutamente tudo, já é conhecido, senão por todos, pela grande maioria das pessoas sobre a face da Terra. Praticamente tudo que lhe direi já foi tema de incontáveis livros e de pesquisas de neurociência. Autores de *best-sellers* como Norman Vincent Peale, Napoleon Hill, Dale Carnegie, Carl Young, Daniel Goleman, Gretchen Rubin, Susan Andrews, Jordan Peterson entre tantos outros, ao longo do tempo, já esmiuçaram vários dos princípios que vou expor.

Na verdade, o simples bom senso da maioria das pessoas concordará que esses princípios que irei numerar são totalmente pertinentes. Mas, então, por que eu ouso lhe contar algo já tão conhecido? Pelo simples fato de que "saber", não quer dizer "fazer". Saber é ter o conhecimento, fazer é ter atitude para aplicar o conhecimento.

UM DESAFIO PARA VOCÊ SER AINDA MELHOR

O que vou lhe propor é que você FAÇA! Ou seja, coloque conhecimento em prática! Na verdade, é mais que uma proposta, é um desafio. Proponho que você em um dia somente, sim, apenas um dia, siga esses princípios que vou listar a seguir. Mas deve fazê-lo, conscientemente, durante todo um dia. Agora, você pode estar se perguntando: "E o que eu poderei ganhar com isso?" A resposta, que o próprio título deste artigo já havia antecipado (e, por isso, você deve ter chegado até aqui), é: Você poderá sentir mais felicidade, sensação de bem-estar, satisfação, entre tantas outras coisas boas. Vamos, então, a eles:

#1 - Não queira mudar o que já é passado! Melhore, sim, tudo o que for possível, mas não queira alterar o passado, não queira mudar o impossível. Coopere com o inevitável (como dizia o guru das relações humanas, Dale Carnegie) e aceite alguns acontecimentos como são. Claro que, como um bom gestor, você deve trabalhar constantemente para buscar melhoria, utilizando-se do passado e de seus eventuais erros, como fonte de aprendizado. O que eu quero dizer é que você não deve ficar remoendo o passado, o passado é experiência, o presente é o que importa agora, é onde você pode agir, para ter um futuro melhor. **Não**

gaste energia com o passado, aplique-a no presente, e seja mais feliz.

#2 - Faça alguma boa ação! Faça algo de bom a alguém, sem pedir nada em troca. Ajude quem você puder ajudar. Existem muitas pesquisas que atestam que fazer o bem, faz bem para a saúde; pois isso ativa regiões do cérebro associadas ao prazer, conexão social e confiança. Mas, uma coisa muito importante, fazer o bem não quer dizer sair dizendo "sim" para todas as demandas das pessoas de dentro da Organização; mas, tão somente, ser generoso, e demonstrar boa vontade, sempre que possível, seja com sua equipe, seja com seus colegas. E outra coisa importante, não espere gratidão, pois isso poderá trazer frustração, já que nem todo mundo demonstra gratidão.

Gretchen Rubin, que estuda a ciência da felicidade, há anos, diz que uma das melhores maneiras de ser feliz é fazer os outros felizes. Mas, de novo, atente que, fazer o bem não quer dizer ser um gestor paternalista, fazer o bem não quer dizer "fazer vontades" pura e simplesmente, seja lá de quem for. Fazer o bem, numa Organização, quer dizer, acima de tudo, ajudar e apoiar o quanto seja possível, e ensinar e colaborar dentro do que a realidade permita. Então, **faça o bem, e seja mais feliz e admirado!**

#3 - Não reclame! Não fique se queixando da vida, nem para você mesmo, nem para os outros. Não seja um "reclamão", ninguém gosta disso. Eu lembro de um operador de linha de montagem que, de tanto reclamar de tudo, começou a incomodar os próprios colegas de trabalho. Pois, um outro operador foi ao supervisor da linha de montagem pedir que conversassem com o "reclamão" a fim de que ele mudasse de atitude.

Ficar um dia sem reclamar de algo é fácil? Não. Mas é um exercício diário. Dale Carnegie, quase cem anos atrás, já aconselhava isso, como forma de melhorar o relacionamento interpessoal (ele dizia: não critique, não condene, não se queixe). **Por isso, não reclame e seja mais feliz!**

#4 - Tenha uma visão positiva das coisas! Tudo que acontece na vida tem um lado bom e outro, ruim; enxergue o bom (aproveite o lado bom das coisas). Cultive todo tipo de bons pensamentos e bons propósitos. Atitude confiante é um pré-requisito para o sucesso, principalmente se você exerce uma liderança. Veja o caso do jogador de futebol, você quase que consegue prever o resultado de um pênalti, ao olhar a postura e a cara do jogador que vai bater.

Um alerta, positividade é importante, mas não pode ser confundida com estupidez. Voltando ao caso do jogador de futebol que vai bater o pênalti, de pouco adiantaria sua atitude positiva, se ele não tivesse treinado arduamente. Eu quero dizer que temos que ser positivos, mas temos que fazer a nossa lição de casa, sempre. **Por isso, tenha em mente, seja mais positivo e você será mais feliz!**

#5 - Cultive uma postura corporal de vencedor! Adote uma postura corporal com a cabeça erguida, ombros para trás, costas eretas, barriga encolhida, peito para frente, olhar sereno; uma posição elegante, de autoconfiança, mas não de arrogância. Você já deve ter percebido como a postura das outras pessoas lhe causam boa, ou má impressão. Pois bem, a neurocientista Amy Cuddy provou que a postura não afeta apenas os outros, mas a nós mesmos. Portanto, uma postura corporal positiva influenciará positivamente a você mesmo e àqueles ao seu redor. Dale Carnegie dizia, **aja como se estivesse feliz, e você se sentirá feliz!**

#6 - Controle suas emoções! O maior poder que um ser humano pode experimentar é o de dominar sua própria mente e suas próprias ações. O equilíbrio emocional não é apenas uma das 10 principais competências de liderança, mas é, também, uma das mais admiráveis competências que um ser humano pode demonstrar. Mas, manter o controle e a boa educação é fácil quando a outra pessoa é cordial; manter o controle e a boa educação, quando a outra pessoa não o é, aí sim, é que é o desafio. Eu mesmo não lembro de algum arrependimento ou tristeza em ter sido equilibrado; mas lembro de algumas situações em que eu não fui equilibrado e que me causaram tristeza. Por isso, o controle emocional, como um exercício diário, só lhe trará felicidade. **Por isso, o controle emocional, como um exercício diário, só lhe trará felicidade.**

#7 - Aja corretamente! Agir corretamente não pesa na consciência, ao contrário, faz de você uma pessoa mais forte mentalmente. Claro que este conselho só vale para as pessoas normais; os psicopatas e outros com transtornos de personalidade, bem como aqueles que têm desvio de caráter, vão achar isso completamente irrelevante. Mas, para aqueles que são normais, e que prestam conta do que fazem para a sua consciência, é melhor agirem corretamente para se sentirem bem. Como dizia um saudoso colega meu de trabalho: *"o que é certo, é certo!"*.

Agir corretamente não lhe trará remorso, nem arrependimento, só felicidade!

UM ALERTA IMPORTANTE!

Preciso lhe alertar que, muito provavelmente, no dia em que você se propuser a começar a aplicar esses princípios, poderá enfrentar um pequeno problema: não se lembrará de todos eles. Isso é comum. Para contornar isso, escreva-os em um pequeno papel, e mantenha-o consigo, e olhe-o com frequência. Eu, particularmente, só comecei a obter resultados quando já tinha todos esses princípios memorizados. Talvez, você precise praticar num dia (ou, durante vários...), para, efetivamente, conseguir colocá-los em prática em outro. Isso, também, é comum. Pode haver a necessidade de calibrar o seu cérebro, para que você possa, plenamente, aplicar esses princípios; e essa calibração vem com alguma prática.

Essa calibração de que falo é o seguinte, veja esse exemplo: Eu estava numa manhã bastante corrida, e, num determinado momento, tive o ímpeto de dar uma resposta não muito simpática a uma pessoa (de certa forma, eu até tinha motivos), porém, pensei no princípio "seja cordial"! Mudei, então, minha abordagem, e fui cordial na minha resposta. A calibração cerebral é exatamente isso, pensar no princípio a aplicar, exatamente no momento oportuno. Não preciso dizer que, depois, fiquei muito satisfeito comigo mesmo, não apenas pelo controle emocional, mas porque evitei uma possível discussão. Ao final do dia, sem dúvida, estava mais feliz do que estaria se estivesse discutido.

DESENVOLVIMENTO PROFISSIONAL

A verdade é uma só, quanto mais aplicar esses bons princípios, mais resultados poderá obter com eles, e o inverso (esquecendo-os e deixando de aplicá-los) é também válido. Portanto, se você praticar esses princípios e sentir-se bem, e acreditar que vale a pena: parabéns, você conseguiu melhorar o seu dia! Pense, então, em repeti-los; afinal, felicidade é sempre bem-vinda!

GESTÃO DE PROJETOS: MELHORES PRÁTICAS

Para muitos gerenciar um projeto pode ser algo assustador, porém, se você seguir as melhores práticas, ou seja, se você tiver atenção em algumas questões fundamentais no gerenciamento de projetos, poderá tornar tudo mais factível e razoável. Resumirei, a seguir, as melhores práticas para um bom gerenciamento de projetos que, advindas de experiência e estudos, podem ajudá-lo a alcançar o sucesso do projeto. Se você é um gerente de projetos assíduo, então, a adoção das melhores práticas de gerenciamento de projetos deve ser uma de suas prioridades. Apenas para padronizar nossa conversa, aqui, utilizaremos a definição de projeto como sendo composto pelas seguintes fases: conceito, planejamento, execução e encerramento, conforme figura a seguir.

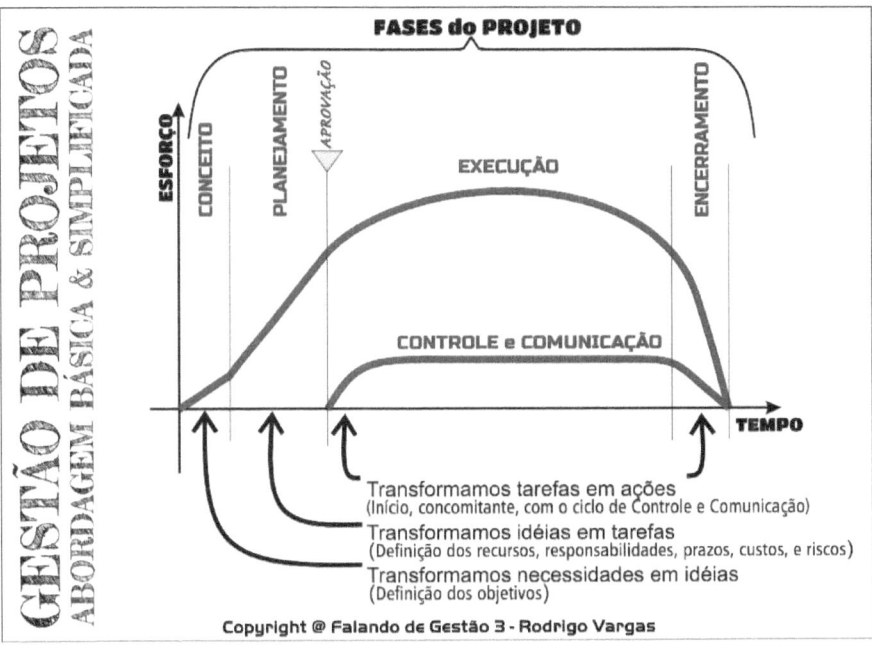

MELHORES PRÁTICAS

#1 - Definição clara do objetivo, escopo e requisitos do projeto

Parece incrível, mas começar bem um projeto é meio caminho andado, por isso, definir claramente o seu objetivo, escopo e requisitos é algo fundamental. Já vi projetos viverem grandes dificuldades pela falta de clareza nessas 3 questões básicas e que devem estar definidas na fase de conceito do projeto. O **objetivo** de um projeto representa, basicamente, aquilo que você quer que esteja realizado ao término do projeto, é o resultado que se quer atingir ao final dele. O **escopo** de um projeto representa sua extensão ou abrangência, ou seja, define os limites de sua ação, o escopo define o que se inclui, ou se exclui dele, a fim de não permitir interpretações equivocadas, ou áreas de nebulosidade com perda de tempo ou dinheiro. Os **requisitos do projeto** são condições, ou premissas, que devem estar presentes em um produto ou serviço, como resultado do projeto, e que devem ser respeitadas para garantir o sucesso ou a conclusão desse projeto. Por exemplo, uma nova ponte será construída na cidade X, e o projeto terá o **objetivo** de construir, em menos de um ano, uma nova ponte ligando dois pontos de grande movimento na cidade, e que são separados por um rio, a fim de reduzir o tempo médio de deslocamento da população, que hoje utiliza uma ponte antiga. Os **requisitos** da ponte pedem duas vias em cada direção, com passagem para bicicletas em cada lado, e demais itens de segurança que a legislação estabelece. O seu **escopo** diz que a ponte deve ter uma extensão de, no máximo, 400 metros, ligando, especificamente, os pontos A e B da cidade.

#2 - Planejamento do projeto

Uma boa prática na gestão de projetos é realizar um bom planejamento, então, defina quais serão as entregas mais importantes do projeto, ou seja, o que, ao longo do tempo, deverá ser entregue pelo projeto para que ele seja bem-sucedido. Deve-se, então, definir quais atividades são necessárias para produzir as entregas, estimando-se da melhor forma os recursos necessários, o tempo e o custo para cada atividade, bem como as dependências entre essas atividades e um cronograma realista para concluílas. Tenha certeza de que as partes interessadas analisem e, formalmente, aprovem o planejamento.

#3 - Monitoramento e comunicação

Todo e qualquer planejamento, por melhor que seja, pode ser ineficaz se não for monitorado (ou controlado) e comunicado efetivamente, não apenas à equipe do projeto, mas a todos os envolvidos. Assim como todos os membros da equipe precisam conhecer exatamente as suas responsabilidades, é preciso que haja o devido monitoramento das atividades do projeto executadas por eles. Eu já vi muitas vezes determinados recursos alocados em um projeto serem drenados por sua área de origem, causando sérios atrasos, por isso, esteja atento e monitore como os recursos estão trabalhando nas suas respectivas atividades. Além disso, é muito importante estabelecer reuniões de comunicação, bem como, divulgações sobre o andamento do projeto.

#4 - Gerenciamento de Mudanças

Não é raro que as principais partes interessadas mudem de ideia em relação ao que deve ser entregue. Algumas vezes porque a análise inicial foi malfeita e não teve a adequada reflexão, outras vezes porque o ambiente de negócios muda significativamente após o início do projeto, por isso, tanto os requisitos, quanto o escopo, ou até mesmo o objetivo, podem mudar. Se um gerente de projeto aceitasse indiscriminadamente todas as alterações no projeto, ele poderia não apenas exceder o orçamento, mas, talvez, o projeto nunca fosse concluído. Ao gerenciar adequadamente as mudanças, o gerente de projetos pode tomar decisões sobre a sua inclusão ou rejeição, controlando como as mudanças são incorporadas, e alocando recursos adequadamente. Uma boa prática é estabelecer um grupo de pessoas-chave em relação ao projeto, e fazer com que as alterações sejam analisadas e aprovadas, ou não, por esse grupo; isso evita decisões monocráticas e leva a uma maior reflexão sobre todos os impactos relativos a uma mudança, seja no custo, ou no tempo do projeto.

#5 - Gerenciamento de Riscos

Riscos são eventos que podem afetar negativamente o resultado de um projeto. Esses riscos podem ser pessoas sem as devidas competências, atrasos na entrega de compras, problemas de TI, greves etc. Por isso, devem ser feitos planos para evitar o risco ou, se o risco não puder ser evitado, para minimizar o seu impacto. Claro que prever ou se preparar para todo o tipo de risco seria inviável, por isso, o gerente de projetos, e sua equipe, podem utilizar, por exemplo, a ferramenta de análise de riscos chamada GUT, que analisa a gravidade, a urgência e a tendência relativas às possíveis situações de risco, e estabelece um nível de prioridade, promovendo ou não uma determinada ação. Revise a sua análise de riscos com alguma frequência, pois, as situações mudam, e podem ocorrer novos riscos ao longo do tempo.

Fazer a gestão de um projeto poderia ser algo mais acessível aos profissionais, em geral, como é a gestão de uma área da Organização. Eu lembro de ter visto, inúmeras vezes, profissionais "fugindo" da gestão de determinados projetos, por isso, desmistificar a gestão de projetos é muito importante, e democratizar seu acesso, também. Isso daria mais agilidade e eficiência para a Organização, e tornaria os profissionais mais completos. Nessa linha, a utilização de melhores práticas em gestão de projetos, com certeza, poderá ajudar.

LIDERANÇA: COMO DESENVOLVER A SUA?

"*Aquele que nunca aprendeu a obedecer, não pode ser um bom comandante.*" - Aristóteles.

Eu considero a liderança uma das competências mais importantes de um gestor, na verdade, a mais importante. Não é à toa que eu, em vários dos meus livros, falo sobre a liderança: no Gestão Industrial de A a Z eu discorro sobre isso no capítulo "Liderança Eficaz"; no livro 52 Bons Hábitos de Gestão, Liderança e Relações Humanas, eu falo sobre isso em vários capítulos, inclusive, no "Aprenda a Dar Ordens"; no livro Cultura de Melhoria: Levando a Organização à Excelência, eu volto ao tema para mostrar a importância da liderança na criação da Cultura Organizacional de Melhoria.

O meu trabalho em várias Organizações, de variados tipos e tamanhos, me mostrou duas coisas sobre liderança: uma boa, e outra má. A boa é que a liderança é uma competência que, como qualquer outra, pode ser aprendida e desenvolvida. A má é que ela é negligenciada por muitos, inclusive por CEO's e responsáveis de RH, que, em várias situações, eu vi tolerarem pessoas incompetentes e sem vontade de melhorar, sendo mantidas em importantes cargos de gestão.

COMO DESENVOLVER A LIDERANÇA?

A liderança, ao contrário do que muitos pensam, não é uma característica inata, que dá superpoderes a uma determinada pessoa para poder influenciar outras. A liderança é, na verdade, uma reunião específica de competências que, como já disse, podem ser desenvolvidas. A minha experiência mostrou que, para desenvolver a liderança, você deve desenvolver um conjunto de 10 competências. Obviamente, algumas pessoas, como em tudo na vida, podem ter mais facilidade que outras para desenvolver determinadas competências; mas isso não quer dizer que alguém, com afinco e determinação, não possa desenvolvê-las. Também não é necessário que um líder tenha que ser, necessariamente, extrovertido (essa é uma pergunta que eu já ouvi várias vezes), pois pessoas como Barack Obama, Abraham Lincoln, Albert Einstein, Warren Buffett, Bill Gates e Emma Watson são consideradas introvertidas, mas sua liderança influencia (ou influenciou) milhões de pessoas; é necessário, sim, que um líder tenha uma boa comunicação, e isso quer dizer

LIDERANÇA

falar o que é preciso, no momento certo (não é falar muito, mas falar o suficiente).

Veja, a seguir, o que eu considero como sendo as **10 principais competências da liderança**:

1. **Motivar a equipe:** Sabemos que manter o ânimo da equipe elevado é condição essencial para uma equipe de alto desempenho, e que realização, recompensa e ambiente são fatores intrínsecos relacionados à motivação, assim como a confiança mútua, reconhecimento, apoio e a comemoração são fatores extrínsecos. Sejam extrínsecos ou intrínsecos, o líder deve procurar trabalhar esses fatores buscando o melhor nível possível. Por exemplo, o investimento em treinamento, além de procurar desenvolver e aumentar a competência do liderado, por si só, vai agir como fator motivador, atuando nos pilares da recompensa, realização, confiança e reconhecimento.

2. **Demonstrar equilíbrio emocional:** O liderado precisa sentir que o seu líder é equilibrado emocionalmente, pois isso é essencial para que ele possa confiar no seu líder, e nas suas decisões ou ponderações. O equilíbrio é o ponto certo entre firmeza e flexibilidade.

3. **Ter uma visão positiva do futuro:** O líder deve criar uma perspectiva positiva do futuro e do atingimento das metas e objetivos. Nenhuma equipe vai atrás de um líder derrotado, sem confiança, que acha difícil atingir metas ou que anda cabisbaixo para lá e para cá. O líder é um agente de mudanças.

4. **Ser justo:** Isso inclui dar o exemplo. Ser coerente com seu discurso e assumir seus erros. O líder estabelece relações de confiança e transparência.

LIDERANÇA

Lembre-se: líder não é bonzinho! É justo acima de tudo!

5. **Ter Iniciativa/Proatividade**: Capacidade de iniciar algo positivo, de quebrar a inércia, de buscar uma nova solução. Capacidade de se antecipar a um problema, evitando-o, ou minimizando seus efeitos.

6. **Aprender com os erros**: Esse é um comportamento fundamental que o líder deve, não apenas praticar, mas estimular seus liderados a fazerem o mesmo. Todo erro traz consigo um aprendizado. Devemos analisar o erro a fim de entender o que deve ser feito para não o repetir. É o caminho para a cultura na Organização de Aprendizagem.

7. **Ter boa comunicação**: Capacidade de ser claro e objetivo. Um bom líder não tem que falar muito, ou falar pouco, ele deve falar o suficiente. Ilustrar, ou dramatizar as ideias quando for preciso, também é um recurso a ser utilizado para a boa compreensão da comunicação. Tenha certeza de ser entendido, e, para isso, faça perguntas. Saiba argumentar, baseie-se em fatos e dados, estatísticas, exemplos, e outras experiências.

8. **Ter Foco em Resultados**: Capacidade de entender a importância dos resultados dos processos, e ter determinação em buscá-los.

9. **Saber tomar as decisões difíceis e assumir riscos**: Atravessar a rua tem risco, ficar em casa tem risco, liderar uma equipe e tomar decisões também envolve risco. Você deve estar preparado para assumir riscos, tomando as decisões que lhe cabem. Mas lembre-se: você deve obter as informações necessárias para justificar o que está fazendo. Decisões acertadas são baseadas em princípios morais, justiça, e maior benefício.

10. **Ser Criativo**: Capacidade de criar ideias e novas soluções significativas. Capacidade de encontrar soluções mesmo em ambiente desfavorável, mesmo com poucos recursos.

Desenvolvendo cada uma dessas competências, você estará desenvolvendo a sua liderança. Mas, veja que, em nenhum momento, eu disse que isso é fácil; porém, não é, necessariamente, difícil. Como qualquer situação que exige aprendizado, é necessário ter vontade e dedicação. Lembro aqui a consagrada definição de competência, que é considerada o conjunto de três variáveis: conhecimento, habilidade e atitude. Portanto, você deve, com uma atitude positiva, buscar o conhecimento, e praticar para desenvolver a habilidade!

PRINCIPAIS COMPETÊNCIAS DE GESTÃO: PESQUISA DE OPINIÃO

Envolvido há mais de 20 anos com gestão, e estudando sempre o comportamento profissional mais adequado à essa função, cheguei a uma relação de 12 competências principais relacionadas a um bom desempenho gerencial (coisa que abordei em detalhes no meu livro Cultura de Melhoria: Levando a Organização à Excelência); são elas: análise crítica, avaliação eficaz da equipe, delegação de poderes, desenvolvimento de competências, estabelecimento de metas, gestão eficaz do tempo, liderança, melhoria contínua, organização, planejamento, visão geral dos processos da organização, visão detalhada dos processos que administra.

A PESQUISA DE OPINIÃO

Resolvi, como parte dos estudos sobre o tema, fazer uma pesquisa de opinião no portal GestaoIndustrial.com para ver quais, dentre essas competências, que são consideras as mais importantes. Utilizei a tecnologia do *Google Forms*, com exigência de login na conta do Google, para evitar mais de uma resposta por pessoa. Relacionei as 12 competências de gestão, e fiz somente duas perguntas:

1) Das principais competências de gestão (em ordem alfabética), marque as 3 que você considera mais importantes;

2) Você trabalha ou já trabalhou como gestor?

Houve 101 respondentes, durante alguns dias de junho de 2020, e os resultados foram os seguintes (lembrando que a soma é maior que 100% pelo fato de o respondente escolher 3 competências):

LIDERANÇA

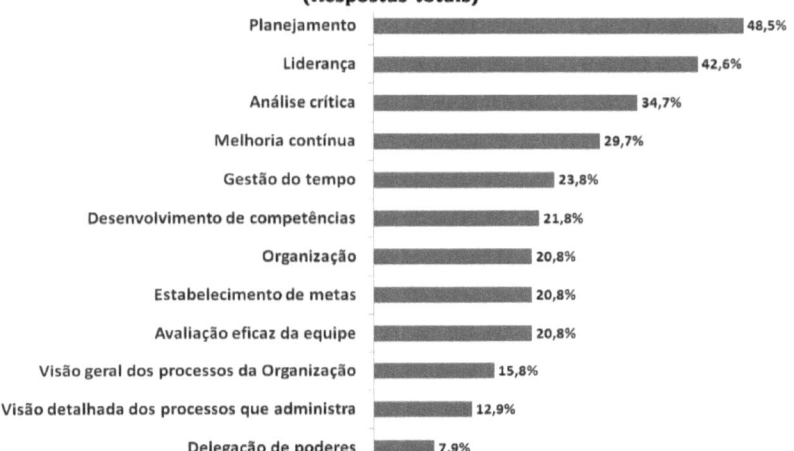

Apresentadas as 12 competências principais de gestão, foi perguntado quais são as 3 consideradas mais importantes, por isso os percentuais somam mais de 100%. A pesquisa foi realizada em junho de 2020, no GestaoIndustrial.com, através do Google Forms (sendo requerido login da conta do Google), tendo 101 respondentes, entre profissionais gestores (ou que já exerceram cargo de gestão) e não gestores.

Copyright @ Falando de Gestão 3 - Rodrigo Vargas

Analisando as mais e as menos votadas, onde podemos ver os extremos estatísticos, observamos o seguinte: a primeira surpresa minha é o fato de a "liderança" não ter sido a competência considerada "a mais" importante, pois, na minha visão, ela é. Isso pode ocorrer, talvez, pelo fato de muitos profissionais ainda dissociarem a gestão, da liderança. Eu já escrevi no portal GestaoIndustrial.com um artigo (Você sabe a diferença entre gerente e líder? Mesmo?) em que eu esclareço que **todo gestor deve ser um líder, mas nem todo líder precisa ser um gestor**. Isso é fundamental, mas, ainda parece não ser entendido por muita gente da área.

Outra coisa que surpreendeu na enquete foi a "delegação de poderes" aparecer em último lugar. Eu considero fundamental ao gestor saber delegar poderes para poder

LIDERANÇA

dar conta de suas responsabilidades e, ao mesmo tempo, mostrar confiança e motivar a equipe. Eu diria que a "visão geral" ou "detalhada dos processos", bem como, "organização", seriam menos importantes (se é que podemos colocar dessa maneira), em condições gerais, do que "delegação de poderes".

Agora, fazendo uma análise cruzada, podemos ver apenas as respostas de gestores (aqueles que exercem ou já exerceram cargos de gestão), e de não gestores, e aí, algo muito curioso ocorre. Veja os gráficos!

QUAIS SÃO AS 3 COMPETÊNCIAS DE GESTÃO QUE VOCÊ CONSIDERA MAIS IMPORTANTES?
(Respostas de gestores)

- Planejamento: 56,1%
- Liderança: 46,3%
- Análise crítica: 34,1%
- Melhoria contínua: 29,3%
- Desenvolvimento de competências: 24,4%
- Avaliação eficaz da equipe: 24,4%
- Estabelecimento de metas: 22,0%
- Visão geral dos processos da Organização: 17,1%
- Gestão do tempo: 14,6%
- Organização: 12,2%
- Delegação de poderes: 12,2%
- Visão detalhada dos processos que administra: 7,3%

Apresentadas as 12 competências principais de gestão, foi perguntado quais são as 3 consideradas mais importantes, por isso os percentuais somam mais de 100%. A pesquisa foi realizada em junho de 2020, no GestaoIndustrial.com, através do Google Forms (sendo requerido login da conta do Google), tendo 101 respondentes, entre profissionais gestores (ou que já exerceram cargo de gestão) e não gestores.

Copyright @ Falando de Gestão 3 - Rodrigo Vargas

LIDERANÇA

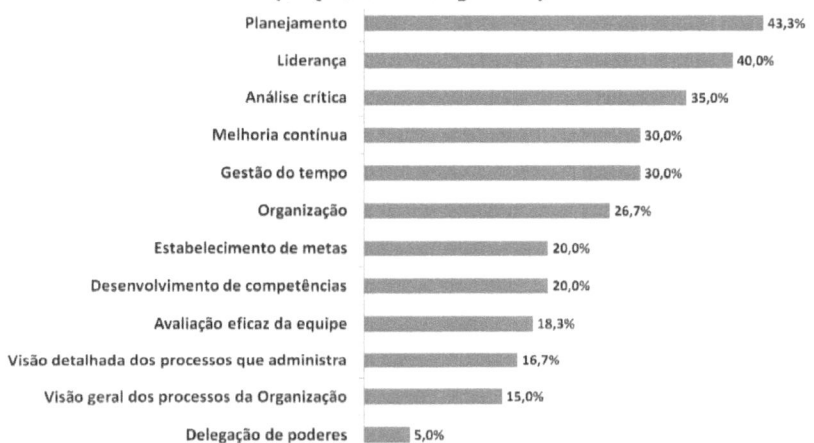

Percebeu? Os não gestores parecem perceber mais a importância da "liderança" (a diferença entre "planejamento" e "liderança" foi bem menor entre os não gestores do que entre os gestores), enquanto os gestores parecem perceber mais a importância da "delegação de poderes" (com uma votação bem maior entre os gestores do que entre os não gestores).

É possível inferir que os **não gestores** sentem falta da liderança no gestor, ou seja, um gestor sem a devida liderança, de algum modo, estaria demonstrando essa falta de competência; talvez, através de uma comunicação ruim, ou conflitos não resolvidos pela falta de senso de justiça, por exemplo. Lembrando que eu considero a liderança, como um conjunto de 10 outras competências, conforme as descrevi no mesmo artigo já citado antes (Você sabe a diferença entre gerente e líder? Mesmo?).

Claro que todos esses resultados são instigantes, porém, ainda muito superficiais. Acredito ser necessário pesquisas ainda mais profundas para poder confirmar esses achados. De todo modo, os resultados são, em si, muito interessantes e inspiradores.

A CEGUEIRA DAS ESCOLHAS E O MARKETING

A **Cegueira das Escolhas é um conceito da psicologia que descreve o fato de que, nem sempre, as pessoas estão conscientes de suas escolhas e preferências.** Não apenas as pessoas acreditam, equivocadamente, que compreendem as suas escolhas, mas também elas são capazes de defender e justificar escolhas que não foram feitas por elas, sem saber.

O EXPERIMENTO DA TROCA DAS FOTOS

O famoso experimento dos pesquisadores da Universidade de Ciências Cognitivas de Lund (Suécia), Petter Johansson, Lars Hall e Sverker Sikström, e Andreas

Olsson da Universidade de Nova York, publicado em 2005, consistia em mostrar um par de fotos e perguntar ao entrevistado qual era a pessoa mais atraente. Sem que o entrevistado percebesse, eram trocadas as fotos e mostrava-se a foto que não havia sido escolhida (como se tivesse sido a escolhida) e perguntava-se o porquê da escolha. Surpreendentemente, 3/4 dos participantes não perceberam a troca, e ainda justificaram a escolha (que eles não haviam feito). Há um vídeo da BBC de Londres, muito interessante, em que os pesquisadores demonstram esse experimento.

POR QUE OCORRE A CEGUEIRA DAS ESCOLHAS, E COMO EVITAR?

Segundo o trabalho de Richard E. Nisbett e Timothy DeCamp Wilson, da Universidade de Michigan, intitulado *Telling More Than We Can Know: Verbal Reports on Mental Processes* (Dizendo Mais do que Podemos Saber: Relatórios Verbais sobre Processos Mentais - em tradução livre), publicado em 1977, **informações precisas ocorrerão quando os estímulos que as influenciam forem evidentes e que sejam, também, causas plausíveis das respostas que eles produzem**, e, ao contrário, não ocorrerão quando os estímulos não forem evidentes ou não sejam causas plausíveis para essas informações.

Portanto, há uma questão fundamental atrelada à ocorrência da Cegueira das Escolhas: Interesse. Quando você for ouvir o consumidor, tenha certeza de que ele tenha algum interesse em participar, pois, junto com o interesse vem a atenção e o tempo: atenção para responder com precisão, e tempo para que possa fazê-lo.

Devido à Cegueira das Escolhas, é mais efetivo monitorar o comportamento do consumidor, do que, simplesmente, perguntar sobre ele. Mas, quando for perguntar, tenha a certeza de que as perguntas sejam o mais específicas e relevantes possível, e que os respondentes estejam o mais envolvidos possível. Por exemplo, ao invés de perguntar: "Que tipo de shampoo você prefere?", pergunte: "Qual é a sua maior preocupação em relação aos cuidados com o seu cabelo?".

Isto posto, podemos dizer que, quanto mais contextualizarmos uma pergunta em uma pesquisa de Marketing, menor será a probabilidade de as respostas estarem contaminadas pela Cegueira das Escolhas!

NEUROMARKETING: A NEUROCIÊNCIA DO CONSUMIDOR

Neuromarketing é a área do marketing que estuda a neurociência aplicada ao consumidor, haja vista que as emoções não-conscientes do consumidor muitas vezes determinam as suas decisões de compra; dessa forma, o Neuromarketing viabiliza criar publicidade, embalagens, produtos, e elementos de ponto de venda que atinjam ao consumidor com mais eficácia.

TÉCNICAS DE NEUROMARKETING

A aplicação do Neuromarketing requer o uso de equipamentos especializados e profissionais especialistas.

Veja, a seguir, algumas das principais técnicas utilizadas no Neuromarketing:

- EEG (eletroencefalografia): registra sinais elétricos, através de sensores colocados na cabeça, de modo a monitorar a atividade cerebral, podendo medir a atenção, memória, e emoções da pessoa avaliada;
- Rastreamento Ocular (eye tracking): verifica o ponto focal do olhar da pessoa avaliada, registrando os pontos onde ela dá maior atenção;
- Decodificação Facial: identifica expressões faciais da pessoa avaliada, apontando os momentos onde ocorrem expressões positivas, negativas, ou neutras;
- Biometria: mede a condutância da pele, frequência cardíaca e respiração do sujeito avaliado, de modo a monitorar as suas emoções.

EXEMPLOS

Um estudo de Neuromarketing de James Breeze, psicólogo especialista em marketing, revelou, através de uma tecnologia de eye tracking (rastreamento ocular), qual o melhor posicionamento da figura de um neném numa publicidade de fraldas. O estudo mostrou que, quando o rosto do neném estava voltado para o texto do anúncio, houve maior atenção ao texto, enquanto, quando o rosto do neném estava direcionado para o leitor, havia muito menos engajamento na leitura do texto do anúncio.

Outro exemplo, é o das cores e a influência que gera no consumidor. Como a cor está vinculada aos nossos instintos mais básicos, ela pode transmitir mensagens poderosas sem que se tenha que dizer uma única palavra.

Porém, a cor não tem um significado universal, pois ele pode variar dependendo do contexto, ou da Cultura do público envolvido. Segundo Color Marketing Group, muitos americanos pensam no branco como uma cor inocente e pura, mas, na Ásia, o branco é uma cor associada à morte; a seguir, eles descrevem os significados mais comuns associados à cada cor nos Estados Unidos:

- Preto: o preto é uma cor com vários significados, dependendo de como é usado; pode simbolizar o mal, mas pode mostrar sofisticação, mistério e elegância;
- Branco: o branco simboliza pureza, luz e bondade; também é usado para mostrar limpeza e simplicidade;
- Vermelho: essa cor remete ao sangue e ao fogo; é uma cor associada à paixão, perigo e energia;
- Laranja: o laranja não é considerado tão intenso quanto o vermelho, mas ainda comunica energia e intensa alegria; é frequentemente usado para simbolizar ação, calor, peculiaridade e criatividade;
- Amarelo: o amarelo está associado à felicidade e ao sustento; é usado para simbolizar alegria, atenção e juventude;
- Verde: associamos o verde a tudo o que é ambiental, mas também pode ser usado para comunicar crescimento ou conformidade;
- Azul: é a cor favorita da maioria das pessoas, simboliza confiança, limpeza e inteligência; é uma escolha popular para a marca da maioria das empresas, especialmente em tons mais escuros;

- Roxo: derivado do vermelho e azul, o roxo simboliza luxo e riqueza; é frequentemente usado para criar uma aura de mistério.

Para citar mais um exemplo do Neuromarketing, vou mencionar a psicóloga canadense, Sheena Iyengar, professora de administração da Universidade de Columbia, e autora do livro "A Arte da Escolha" publicado em 2010. A prof.ª. Iyengar conduziu um estudo, em 1995, avaliando o impacto do número de opções de um produto em relação à decisão de compra do consumidor. Em um mercado gourmet da Califórnia, a professora Iyengar e seus assistentes de pesquisa montaram um estande de amostras de geleias Wilkin & Sons; alternando entre um tamanho de amostra com 24 tipos de geleia, para outro com apenas 6 tipos. Em média, os clientes experimentaram 2 tipos de geleias, independentemente do número de tipos oferecidos, e cada um recebeu um cupom de 1 dólar de desconto. 60% dos clientes foram atraídos pela amostra grande de geleias, e apenas 40% dos clientes foram atraídos pela amostra pequena. O incrível é que 30% das pessoas que experimentaram geleias da amostra pequena decidiram pela compra, enquanto apenas 3% das pessoas que experimentaram as geleias da amostra grande decidiram pela compra. Eu, inclusive, escrevi um artigo sobre a ciências das escolhas, intitulado Quando Menos É Mais no Marketing, falando exatamente sobre o impacto do número de opções de um produto na decisão de compra do consumidor.

A ÉTICA NO NEUROMARKETING

Dado que a função do Neuromarketing é analisar o consumidor, investigando suas emoções não-conscientes, existe uma questão ética importante que aparece, principalmente no âmbito da privacidade do consumidor, e na confiabilidade das empresas que aplicam o Neuromarketing.

Por isso, a NMSBA (Neuromarketing Science & Business Association) estabeleceu um código de ética a ser seguido, fundamentado em 3 principais questões:

- restaurar a confiança do público na legitimidade e integridade dos profissionais de Neuromarketing;
- garantir que os profissionais de Neuromarketing protejam a privacidade dos participantes da pesquisa;
- proteger os compradores de serviços de Neuromarketing.

Por fim, cabe dizer que a neurociência tem mostrado resultados fantásticos nas últimas décadas, com pesquisas interessantíssimas e, sem dúvida, o seu uso racional e ético no marketing pode trazer importantes aprendizados.

PESQUISA DE MARKETING: UM GUIA PRÁTICO!

A pesquisa de marketing (também chamada de pesquisa de mercado) é o processo de coleta de informações sobre o consumidor, considerando o público-alvo da sua empresa, para determinar quão viável e bem-sucedido é (ou seria) seu produto ou serviço entre essas pessoas.

A pesquisa de marketing pode informar também o que seu público-alvo quer ou precisa, em termos de produtos ou serviços, e o que está influenciando suas decisões de compra; além de poder apontar quais são as tendências em seu setor.

TIPOS DE PESQUISA

- **Pesquisas Primárias**
    - **Pesquisa Exploratória:** esse tipo de pesquisa está voltada mais para os problemas em potencial que precisam ser identificados e enfrentados; e se preocupa menos com as tendências mensuráveis dos clientes. Normalmente, ocorre antes de qualquer pesquisa específica, e pode envolver entrevistas abertas ou pesquisas com um pequeno número de pessoas.
    - **Pesquisa Específica:** esse tipo de pesquisa de mercado geralmente segue a pesquisa exploratória, e é usada para mergulhar mais fundo em problemas ou oportunidades que a empresa já identificou como importantes; nesse caso, empresa pode pegar um segmento menor ou mais específico de seu público.
- **Pesquisas Secundárias**
    - **Fontes Internas:** obviamente, a primeira fonte de informações é advinda da própria Organização e diz respeito aos dados de mercado que sua organização já possui internamente: *market share*, faturamento por produto e região, lucratividade, taxa de retenção de clientes, dados do website, banco de dados do CRM etc.
    - **Fontes Públicas:** essas fontes são acessíveis, relativamente confiáveis, e livres para se obter. As estatísticas do governo e de fundações de pesquisa oferecem informações úteis sobre a economia, trabalho e população em geral.

- **Fontes Comerciais**: essas fontes geralmente vêm na forma de relatórios de mercado, consistindo em informações do setor compiladas por associações comerciais ou consultorias de renome no mercado, e podem ser distribuídas gratuitamente ou vendidas.

TÉCNICAS DE PESQUISA

As técnicas de pesquisa mais usadas, são:

- Por entrevista: é quando o consumidor responde a um questionário de perguntas, seja pessoalmente, online, ou por telefone.
- Por observação: é quando o consumidor é observado quanto aos seus hábitos de consumo, quanto à utilização de produto, ou de outra forma; e isso pode acontecer no ponto de venda, ou em ambiente controlado. Uma forma de observação que vem ganhando espaço nos últimos anos é por Neuromarketing, que se dá quando a observação do consumidor ocorre pela aplicação da neurociência na interpretação das suas emoções não conscientes, com a utilização de eletroencefalografia, rastreamento ocular, decodificação facial ou biometria.

OS 9 PASSOS PARA UMA PESQUISA POR ENTREVISTA

Passo 1 - Defina o objetivo da pesquisa (problema ou oportunidade)

Um dos passos mais importantes no processo de pesquisa de marketing é definir adequadamente os seus objetivos, pois, provavelmente, há um problema ou oportunidade que precisa ser enfrentado, mas há falta de informações para tomar as decisões e ações necessárias. O trabalho do pesquisador de marketing é prover informações de qualidade. Exemplos de problemas de negócios podem ser: "como devemos precificar esse novo produto?", ou "quais novos produtos devemos lançar?", ou ainda, "como alavancar as vendas de determinado produto?", etc.

Passo 2 - Defina o perfil do público

Para bem definir o perfil do público de seu interesse na pesquisa, é necessário definir algumas características-chave do consumidor, como: idade, gênero, localização, profissão, renda, tamanho de família etc.

Passo 3 - Prepare as Perguntas

Para realizar uma pesquisa, seja exploratória ou específica, você deve preparar com cuidado as perguntas que serão feitas, pois o sucesso da pesquisa dependerá fortemente disso. A maioria dos questionários segue um formato semelhante, começando com uma introdução que descreve o objetivo do estudo, seguindo-se instruções para preencher o questionário, depois as perguntas em si, terminando com uma declaração que agradece ao consumidor por participar da pesquisa e dando outras informações cabíveis. As primeiras perguntas que aparecem no questionário geralmente são do tipo básico, para aquecimento, aquelas que o respondente pode responder prontamente, como idade, nível de instrução, local de residência e assim por diante. As perguntas de aquecimento são seguidas por uma progressão lógica de perguntas mais detalhadas e aprofundadas que chegam ao cerne da questão que está sendo pesquisada. Evite as perguntas do tipo sim ou não, pois são muito limitadas; já as perguntas abertas, aquelas que obrigam o respondente a descrever o seu pensamento, são ricas em informação.

Passo 4 - Teste o questionário

Antes de lançar a pesquisa, é importante testar o questionário para descobrir se há algum problema com ele, se existe espaço suficiente para as pessoas responderem, se a fonte é legível, se as instruções são claras, e se tudo faz sentido para o respondente. O pesquisador administra o questionário a um pequeno grupo de entrevistados, exatamente da maneira como a pesquisa será aplicada, seja por telefone, pessoalmente, online etc.

Passo 5 - Defina a amostra

Depois de criar seu questionário, é preciso definir o número de pessoas que devem participar, já que é inviável inquirir todo um público-alvo, toda a população de consumidores. Em vez disso, você deve escolher uma amostra, ou seja, um subconjunto que representa a população em estudo. Para isso, você pode utilizar a tabela a seguir, produzida de acordo com a fórmula de Krejcie & Morgan, conforme seu artigo *Determining Sample Size for Research Activities*, publicado em 1970, na *Educational and Psychological Measurement*, n° 30.

TABELA PARA TAMANHO DE AMOSTRA
(nível de confiança de 95%)

TAMANHO DA POPULAÇÃO	TAMANHO DA AMOSTRA margem de erro		
	5,0%	2,5%	1,0%
10	10	10	10
50	44	48	50
100	80	94	99
200	132	177	196
400	196	318	384
600	234	432	565
800	260	526	739
1.000	278	606	906
2.000	322	869	1.655
5.000	357	1.176	3.288
10.000	370	1.332	4.899
25.000	378	1.448	6.939
50.000	381	1.491	8.056
100.000	383	1.513	8.762
250.000	384	1.527	9.248
500.000	384	1.532	9.423
1.000.000	384	1.534	9.512
1.0000.000	384	1.536	9.594
100.000.000	384	1.537	9.603

Fonte: Krejcie & Morgan, 1970

Copyright @ Falando de Gestão 3 - Rodrigo Vargas

Passo 6 - Planeje a Coleta

Agora é o momento de planejar os recursos necessários (pessoas, despesas, transporte, local, alimentação etc.) para que o questionário possa ser aplicado e a coleta de dados aconteça da melhor forma possível. Aqui é hora de analisar a viabilidade de utilizar as redes sociais da Organização, website, pontos de venda, CRM etc., para constituir, no todo ou em parte, o público da pesquisa.

PASSO 7 - COLETE OS DADOS

Agora que você tem o questionário pronto, o perfil do consumidor, o número da amostra, e o planejamento dos recursos, é hora de executar a pesquisa. Nesse momento, é importante que o líder da pesquisa acompanhe de perto para garantir que tudo ocorre como planejado.

Passo 8 - Analise os dados

Confira os dados, buscando evidências de que foram coletados e arquivados corretamente; organize-os em tabelas e faça as análises cabíveis (utilize tabelas eletrônicas, softwares estatísticos etc.). Faça comparações, utilize benchmarking, e extraia o máximo dos dados colhidos, transformando-os em informações viáveis para tomada de decisões. Analise criticamente os resultados, pondere-os quanto à sua consistência e aplicabilidade.

Passo 9 - Prepare o relatório

Em geral, o relatório final poderá conter as seguintes partes:

- Folha de rosto: explica sobre o que é o relatório, quando e por quem foi feito, e, quando for o caso, quem o solicitou.

- Índice: descreve as principais partes do relatório, bem como quaisquer gráficos e tabelas, e os números de páginas em que podem ser encontradas.

- Sumário executivo: resume todos os detalhes do relatório de maneira muito rápida, que deve dar uma ideia geral dos resultados do estudo e o que fazer com esses resultados.

- Metodologia: explica os detalhes técnicos de como a pesquisa foi projetada e conduzida, como os dados foram coletados e por quem, e o tamanho e perfil da amostra; essa seção também inclui informações sobre as técnicas estatísticas usadas para analisar os dados, e todas as eventuais limitações da pesquisa.

- Achados: é uma versão mais detalhada do sumário executivo, incluindo, eventualmente, pesquisas relacionadas ou dados secundários disponíveis que apoiam as descobertas. Esses achados relatam, enfim, as informações úteis que tenham sido obtidas provenientes da análise dos dados (passo 8).
- Recomendações: deve descrever as possíveis ações que devem ser tomadas, com base nos resultados da pesquisa e no seus objetivo inicial.

A realização de uma pesquisa de marketing pode ser uma experiência muito reveladora, ainda que você acredite que conheça bem seus clientes; pois o resultado de uma pesquisa poderá lhe apontar novas perspectivas, novas soluções, novos oportunidades, e novas formas de fazer negócios.

COMPRA POR IMPULSO: A TEORIA DE HAWKINS STERN.

As compras por impulso são motivadas, em grande parte, por estímulos externos, e quase não têm relação com o processo de tomada de decisão racional. Em geral, as teorias do comportamento de compra do consumidor se concentram na ação racional, Hawkins Stern, porém, dedicou-se a estudar o comportamento de compra por impulso, estabelecendo 4 categorias:

- **Compra puramente por impulso**: é a compra feita baseada em algum interesse repentino, e na oportunidade, sem vínculo com o comportamento normal de compra desse comprador. Por exemplo, a compra da barra de chocolate posicionada no caixa de pagamento.
- **Compra por impulso baseada na lembrança**: esse tipo de compra por impulso ocorre na loja quando o

comprador percebe, repentinamente, a necessidade do produto. Por exemplo, ocorre quando, no açougue, existe o cartaz informando a disponibilidade de cerveja e pão, ao lado da carne para churrasco.

- **Compra por impulso baseada em sugestão**: quando a compra é motivada pela autossugestão do consumidor em relação a um novo produto, sem nenhuma experiência anterior, podendo ser influenciada por emoções positivas do próprio comprador ao fazer compras. Por exemplo, quando o consumidor vai comprar ração para cachorro e acaba levando, também, os biscoitos caninos que estavam em oferta ao lado das rações.

- **Compra por impulso planejada**: esse tipo de comportamento ocorre quando o consumidor entra na loja com a intenção de comprar determinados produtos, mas, também, com a expectativa de fazer outras compras. Isso ocorre porque um comprador pode não saber de antemão o tipo de promoções de vendas, ou lançamentos oferecidos na loja. Por exemplo, quando o consumidor vai a uma loja de departamentos para comprar camisas, e acaba levando calças, também.

As teorias de compra por impulso apresentam inúmeras oportunidades para os profissionais de marketing, já que estabelecem a importância de vários aspectos como: forma de dispor e posicionar o produto na loja, embalagem do produto, ofertas ocasionais, comunicação com o consumidor etc. Os profissionais de marketing que conseguirem entender e estimular o pensamento do consumidor, poderão usufruir de uma parcela considerável das oportunidades de vendas do varejo no dia a dia.

CONHEÇA MELHOR SEU CLIENTE: MAPA DE EMPATIA

Segundo o dicionário Michaelis, empatia é a capacidade de compreensão dos sentimentos, desejos, ideias e ações de outrem. E essa capacidade é importante, não apenas nas relações interpessoais, mas também nas relações empresa/cliente.

O mapa de empatia é uma ferramenta criada pela consultoria XPlane para conhecer melhor o cliente dentro do processo de Marketing, buscando entender e documentar as características mais importantes de seu público-alvo. Com base em pesquisas de mercado, informações do banco de dados do CRM (Customer Relationship Management - software utilizado para gerenciar a relação com o cliente), informações do pessoal de vendas, informações de mercado etc., a Organização monta o mapa de empatia, preenchendo as informações mais relevantes relativas ao público-alvo que se quer analisar.

ELABORANDO UM MAPA DE EMPATIA

Estabeleça, em papel (a vantagem é a descontração do ambiente e a possibilidade de utilizar *post-its*) ou em computador (a vantagem é proporcionar uma discussão à distância e o registro imediato de dados), uma figura com 7 campos distintos, quais sejam:

- **De quem estamos analisando a empatia?** Deve estar claro quem está sob análise, quem é o público-alvo.
- **O que queremos dele?** Aqui deve aparecer qual é o objetivo dessa análise, pois é fundamental para dar foco nas discussões.
- **O que ele pensa?**
  - **Quais são suas dores?** Quais são seus problemas? O que ele gostaria de mudar? De que ele não gosta?
  - **Quais são seus desejos?** Quais são suas necessidades? O que lhe dá satisfação? De que ele gosta?
- **O que ele vê?** O que ele assiste na TV? Quais são as redes sociais que ele acessa? Quais jornais e revistas ele lê? O que ele acessa na internet?
- **O que ele ouve?** A quem ele ouve? Quem o influencia? O que dizem as pessoas próximas a ele? Quem são seus amigos?

MARKETING

- **O que ele faz?** Qual é o seu trabalho? Como é a sua rotina? O que ele costuma comprar? O que ele gosta de fazer nas horas vagas? Onde ele se diverte? O que ele faz final de semana?

- **O que ele fala?** O que é comum ele dizer? Quais são seus assuntos preferidos?

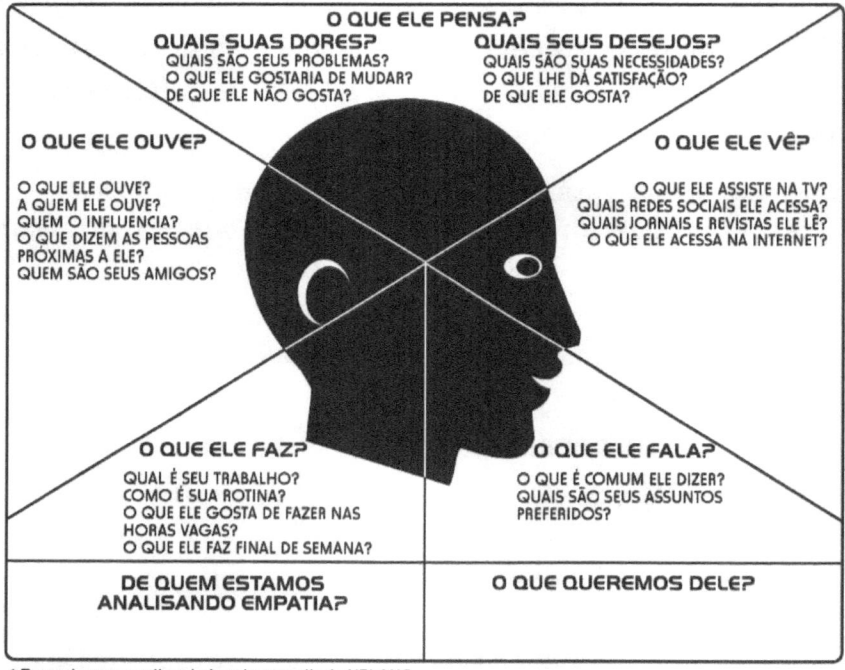

O Mapa de Empatia é uma ferramenta que traz uma proposta interessante para compreender e documentar o pensamento do cliente, visando desenvolver as relações com ele, seja criando produtos, ou melhorando os existentes, e inovando tanto quanto possível a relação Organização/cliente. Como uma ferramenta de análise e conhecimento, seu uso pode ser estendido a outras situações como, por exemplo: Organização/colaborador, Organização/fornecedor, ou Organização/comunidade.

MARKETING

FERRAMENTAS PARA MONITORAR A SATISFAÇÃO DO CLIENTE

É fundamental para a Organização estabelecer metas e monitorar o nível de satisfação do seu cliente, pois isso é essencial para estabelecer as ações de melhoria, além do fato de que manter um bom nível de satisfação do cliente é um fator crítico para a perpetuidade da empresa. Além de monitorar o seu próprio desempenho, é importante conhecer o desempenho da concorrência, pois é um referencial, também, significativo. Vamos ver, a seguir, algumas ferramentas para monitorar a satisfação do cliente ou consumidor.

- **Sistema de Atendimento ao Cliente (SAC)**: esse é o primeiro canal de comunicação com o cliente, e é o ponto de partida; pois o SAC tem informações sobre dúvidas, sugestões, e reclamações em relação ao produto ou serviço. O SAC pode atender seu cliente através de um e-mail, website, telefone, aplicativo da empresa, aplicativo de mensagens, ou redes sociais. Reunir, compilar e analisar dados destes canais já vai oferecer uma gama enorme (e preciosa) de informações.

- **Pesquisa de Satisfação:** Segundo Philip Kotler, em seu livro "Administração de Marketing", dos consumidores que ficam insatisfeitos em uma de quatro compras, apenas 5% reclamarão; pois a maioria simplesmente comprará menos ou mudará de fornecedor. Portanto, apenas as informações do SAC não são suficientes. É preciso fazer um levantamento, uma pesquisa de opinião, ainda que amostral, com os clientes que realizaram compras ou utilizaram o serviço provido pela empresa, com o objetivo de entender o nível de satisfação, o tipo de insatisfação ou problema ocorrido (antes, durante, ou após a compra), assim como, a tendência de recompra, entre outras questões.

- **Investigação dos Clientes Perdidos:** Tanto quanto possível, a Organização deve investigar e analisar os clientes perdidos, alimentando um indicador, e colhendo tantas informações quanto possível, seja via cadastro de clientes, seja via abandono de compra no website, desistência de orçamento, análise de imagens da loja, ou qualquer outro meio que a Organização tenha para rastrear a compra perdida ou o cliente perdido.

- **Retroalimentação da Assistência Técnica**: A rede de assistência técnica, seja de que tamanho for, nem que seja formada por uma única pessoa, terá, certamente, informações valiosas sobre a qualidade do produto ou serviço.
- **Cliente Fantasma**: Com essa ferramenta, a Organização contrata pessoas que se farão passar por um cliente interessado na compra. Estes clientes (fantasmas), depois, relatam os pontos positivos e os pontos a melhorar nesse processo, comparando, inclusive, com a concorrência.
- **Gestores em Campo**: Além dos clientes fantasmas, outra forma interessante de captar a perspectiva do cliente, é quando os gestores da própria Organização saem em campo, e verificam o produto nos pontos de venda, visitam as assistências técnicas, utilizam o próprio produto de forma crítica, e contatam os canais de suporte e atendimento ao cliente para verificar a sua eficiência.

Monitor a satisfação do seu cliente é uma tarefa essencial dentro do Marketing da Organização, para que se possa implementar a tempo, e de forma eficaz, as ações que forem necessárias. Caso contrário, você acabará sabendo da satisfação do cliente da pior maneira possível: no bolso!

O SIMPLES (MAS PRECIOSO) CONSELHO DE STEVE JOBS

Steven Paul Jobs, conhecido apenas por Steve Jobs, um dos maiores nomes da inovação e empreendedorismo. Steve Jobs inovou com vários produtos. Foi um homem empreendedor e de visão quando convenceu seu amigo Steve Wosniak (que trabalhava na HP) a comercializar seu invento, o primeiro computador pessoal (teclado com cpu e monitor). Com Wosniak e Ronald Wayne, fundou, em 1976, a Apple, que, em 2021, tinha um valor de mercado (astronômico) de mais de 2 trilhões de dólares, e, junto com a Microsoft, estava no topo do ranking das empresas mais valiosas.

Lançou produtos como iMac (computador com várias incríveis funcionalidades para a época) em 1998, o iPod (tocador de mp3) em 2001, o iPhone, o revolucionário *smartphone* de 2007 (um telefone que era um pequeno computador de bolso, com teclado virtual, tocador de mp3, comunicador por internet, e que, no ano seguinte, incorporou a loja de aplicativos), e depois, em 2010, o iPad (um dispositivo um pouco maior que um *smartphone*, para leitura e navegação). Sempre na vanguarda, Jobs liderou equipes de engenheiros e programadores, e transformou a Apple em sinônimo de inovação.

E como ele pensava o marketing de seus produtos? Pois bem, numa Conferência Mundial de Desenvolvedores da Apple, em 1997 (antes de todos os lançamentos que eu acabei de citar), entre tantas coisas, ele disse o seguinte (em tradução livre):

"Você tem que começar pela experiência do cliente e trabalhar para trás para chegar na tecnologia necessária. Você não pode começar pela tecnologia e tentar descobrir onde vai tentar vendê-la."

Eu vejo que ele é muito claro ao enfatizar que a tecnologia deve ser criada para levar soluções ao cliente; é importante, então, conhecer bem o cliente e as suas necessidades!

Ele complementa dizendo, ainda:

"Que benefícios incríveis podemos dar ao cliente? Para onde podemos levar o cliente?"

Considerando a incrível trajetória de sucesso de Steve Jobs, com lançamentos de produtos que se tornaram referência e inovação e tecnologia, trazendo sempre novas soluções para o cliente, suas palavras merecem muita atenção e reflexão de qualquer um que esteja trabalhando em áreas como desenvolvimento de produto ou marketing.

STRATEGIC RATIONALE: FUNDAMENTANDO A ESTRATÉGIA

Se você não está familiarizado com o termo em inglês (*strategic rationale*), talvez já tenha ouvido falar. Esse termo significa uma fundamentação estratégica estruturada, e pode aparecer dentro de um planejamento estratégico, ou depois, como parte das ações de desdobramento. Ele pode ser utilizado para justificar uma aquisição corporativa, um novo projeto, uma nova estratégia de marketing, um investimento, um novo design, uma redefinição de negócios, o desenvolvimento de um novo fornecedor, enfim, qualquer estratégia corporativa significativa e que precise de uma justificativa razoável e estruturada.

ESTRUTURA

A fundamentação estratégica deve ser tão sucinta quanto possível, e tão detalhada quanto necessário; se couber numa folha A4, ótimo. Em síntese, a fundamentação deve responder a 4 perguntas: o quê? por quê? como? quando?

- **O Quê?**: aqui você define exatamente qual é o escopo de sua fundamentação, do que ela trata, a que ela se refere, o que você quer justificar; aqui você descreve a sua ideia principal, o objetivo que você quer vender;
- **Por Quê?**: aqui você deve apresentar os argumentos do porquê é importante aprovar a sua ideia. Você deve demonstrar o ganho que a Organização obterá ao acolher a sua ideia;
- **Como?**: agora, em síntese, você deve descrever como poderá ser realizada a sua ideia, como poderá ser executada a sua proposta. Apresente, aqui, as ações principais necessárias, e os recursos principais que serão utilizados;
- **Quando?**: aqui você deve apresentar, em linhas gerais, a linha do tempo em relação à execução de sua ideia, quanto tempo levará para que se concretize a sua proposta.

Prepare o material de acordo com o público e a forma com que ele será apresentado: numa reunião de diretoria, em uma apresentação departamental, por e-mail, enfim, adeque a sua fundamentação ao público-alvo e ao momento em que ele será analisado, pois isso ajudará a ser mais bem percebida e compreendida.

PERGUNTAS PARA FAZER ANTES DE INICIAR UM PLANEJAMENTO ESTRATÉGICO

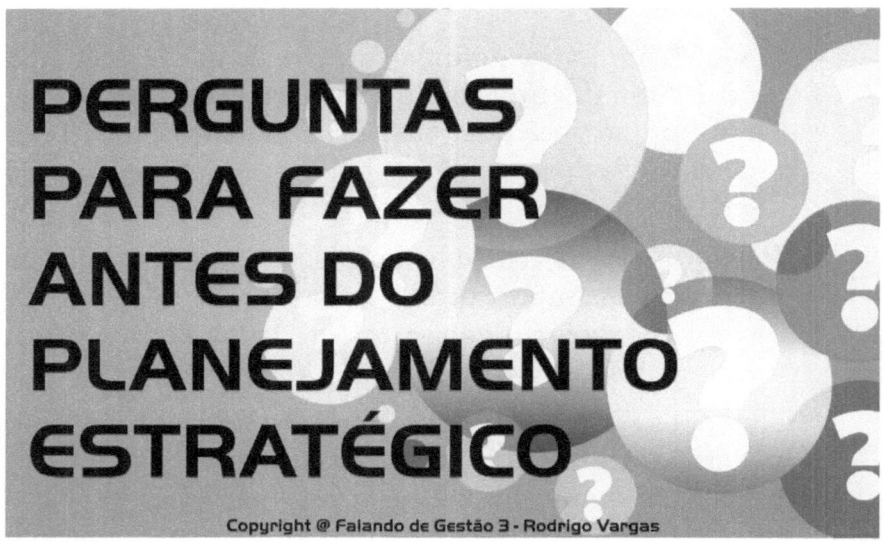

O planejamento estratégico é um dos documentos mais importantes de uma Organização. É ele quem deve mostrar o caminho a ser seguido e as ações a serem tomadas.

A seguir, vou listar algumas das perguntas principais que devem ser respondidas pela equipe encarregada do planejamento estratégico, antes de iniciar sua elaboração.

#1 - COMO É A NOSSA RELAÇÃO COM OS NOSSOS CLIENTES?

Quem são os nossos clientes? Quais os tipos de relações que têm sido mantidas? Quais os custos destas relações? O que o cliente valoriza? Qual é o nível de satisfação que o cliente tem demonstrado? Que tipo de insatisfação nosso cliente tem? Sabemos lidar com as insatisfações do cliente? Como a nossa marca é percebida pelo cliente e pelo mercado?

#2 - COMO É A NOSSA RELAÇÃO COM OS NOSSOS FORNECEDORES?

Quais são os mais importantes, e por quê? Quais riscos estariam envolvidos numa situação de suspensão de contrato? Existem alternativas de suprimento para os principais fornecedores? Nossos fornecedores estão satisfeitos? Nós estamos satisfeitos com nossos fornecedores?

#3 - COMO É NOSSA PARTICIPAÇÃO NOS SEGMENTOS DE MERCADO EM QUE ATUAMOS?

Como é o *market share* em cada um dos segmentos de mercado? Quais são os canais de distribuição? Quais são mais rentáveis? Quais são os mais antigos? Quais são os mais novos? Quais são os mais estratégicos? Qual foi a evolução nos últimos anos da nossa participação no mercado?

#4 - COMO É A NOSSA ESTRUTURA DE CUSTOS?

Quais são os maiores custos de nossos produtos ou serviços? Quais são os recursos mais importantes? Quais são as atividades mais caras? Que tipo de controle temos sobre nossos custos? Temos trabalhado a redução de custos, mantendo a qualidade do produto?

#5 - COMO É A NOSSA SAÚDE FINANCEIRA?

Quais são as nossas fontes de receita? De onde vem nossa maior fonte de receita? Qual é nosso maior cliente? Como nossos clientes nos pagam, e como gostariam de pagar? Como é o perfil de receita atual, em relação a cada segmento de mercado? Nosso fluxo de caixa é saudável? Como solucionamos os problemas de fluxo de caixa?

O tema não se esgota aqui; e estas não são as únicas, obviamente, mas são perguntas fundamentais que devem ser respondidas de forma clara antes de se iniciar qualquer elaboração de planejamento estratégico.

PRODUTIVIDADE

POR QUE O BEM-ESTAR FINANCEIRO DOS FUNCIONÁRIOS É IMPORTANTE PARA A ORGANIZAÇÃO?

O bem-estar financeiro dos empregados deve ser uma preocupação das Organizações, não apenas para cumprirem com sua responsabilidade social, mas porque ele impacta diretamente na produtividade da Organização.

FINANÇAS X PRODUTIVIDADE

Uma pesquisa feita com 1.800 funcionários americanos de tempo integral, pela consultoria PwC, divulgada em 2017, apontou vários dados interessantes sobre o impacto das finanças na produtividade Organizacional.

Por exemplo, a pergunta "Qual das seguintes opções lhe causa mais estresse?" teve os seguintes resultados:

- Questões financeiras: 46%
- Meu trabalho: 17%
- Relacionamento: 15%
- Problemas de saúde: 14%
- Outros: 8%

50% dos funcionários que disseram ter estresse com questões financeiras disseram que passam três horas ou mais no trabalho, a cada semana, pensando ou lidando com questões de finanças pessoais. Ao passo que somente 26% dos funcionários que não disseram ter estresse com questões financeiras disseram passar três horas ou mais no trabalho, a cada semana, pensando ou lidando com questões de finanças pessoais.

Em relação a faltar ao trabalho, 16% dos estressados financeiramente disseram faltar ao trabalho ocasionalmente, enquanto que os que disseram não ter estresse financeiro, apenas 8% relataram faltar ao trabalho ocasionalmente.

Ou seja, o estresse financeiro apresenta o dobro de probabilidade do empregado desviar horas de trabalho, ou faltar ocasionalmente, lidando com questões de finanças pessoais.

PRODUTIVIDADE

Estimativa do Custo da Improdutividade por Problemas Financeiros dos Empregados*

 X  =

1.000 funcionários X 46% de estressados financeiramente = 460 estressados financeiramente

 X  X  =

460 estressados financeiramente X 50% desperdiçam 3 horas ou mais/semana X 44 semanas/ano = 30.360 horas desperdiçadas/ano

30.360 horas/ano X 15 reais/hora = 455.400 reais/ano

455.400 reais/ano é o custo médio mínimo da improdutividade causada por problemas financeiros dos empregados em uma Organização com 1000 empregados, sem considerar as faltas ocasionais, e sem considerar os possíveis problemas dos empregados que se declararam não estressados financeiramente.

* São várias as variáveis para um cálculo destes, por isso, ele foi feito de modo simplificado, apenas para dar uma idéia do custo da improdutividade relacionada aos problemas financeiros do empregado, mas, é claro, é passível de erros.

Copyright @ Falando de Gestão 3 - Rodrigo Vargas

Em relação ao perfil salarial, 60% dos funcionários que ganham menos de 75.000 dólares/ano disseram que lidar com sua situação financeira é estressante; enquanto 43% dos que ganham mais de 75.000 dólares/ano disseram que lidar com sua situação financeira é estressante. Algo natural de se imaginar: os que ganham menos têm mais problemas financeiros.

Porém, paradoxalmente, quando a pergunta foi: "Você usa o cartão de crédito para pagar as suas contas mensais (como mercado) porque, de outra forma, não poderia?", o percentual maior de respostas "sim" (37%) foi dos que ganham mais de 75.000 dólares/ano, contra 33% dos que ganham menos de 75.000 dólares/ano. Isso nos mostra que, para aqueles que tem problemas financeiros, ganhar mais não é, necessariamente, uma solução, mas, sim, gastar menos.

SOLUÇÕES

Já vimos que aumentar salários não é, necessariamente, solução; mas, sim, proporcionar um programa de educação financeira para os funcionários, de modo que aprendam a controlar os impulsos, controlar os gastos, e fazer planejamento financeiro. Além disso, pode-se pensar num programa de ajuda financeira através de crédito barato oferecido pela Previdência Privada da Organização (quando houver), ou através de uma instituição financeira parceira.

No tocante à educação financeira, o Valor Econômico online publicou, em 2018, uma matéria sobre o assunto, onde são mostrados dados da Febraban em que o volume de contas em atraso reduziu 40% entre as pessoas que participaram de seu programa de educação financeira por um ano, e a propensão em poupar aumentou 15%. Na mesma matéria, a Totvs informa ter tido uma queda no seu absenteísmo de 2% para 1% após a criação de um programa de reeducação financeira.

Portanto, baseado no que foi exposto, há, claramente, uma oportunidade para as Organizações aumentarem sua produtividade através de programas de educação financeira extensos e que abranjam a todos os níveis.

Esses programas, para serem efetivos, devem ser de longo prazo e focar, obviamente, naqueles que tem dificuldade em lidar com as finanças, por isso, o engajamento dos participantes é fundamental.

GESTÃO DE PESSOAS: COMO ELA PODE INFLUENCIAR A PRODUTIVIDADE NO TRABALHO?

Tom Peters, um economista e escritor americano que publicou, em 1982, em coautoria com Robert H. Waterman Jr., o livro "*In Search of Excellence*", costumava dizer que "o simples ato de prestar atenção positiva às pessoas tem muito a ver com a produtividade". Vamos, então, a seguir, analisar o quanto a boa gestão de pessoas influencia positivamente a produtividade no trabalho.

UM POUCO DE HISTÓRIA

Desde a 1ª Revolução Industrial (caracterizada pela mecanização e uso de máquinas a vapor), que se iniciou em

1760, até a 4ª Revolução Industrial (caracterizada pelos sistemas ciberfísicos intercomunicados, inteligência artificial, e nanotecnologia, para citar algumas de suas características), que estamos começando a viver agora, não apenas a tecnologia mudou, mas também a relação empregador/empregado mudou sobremaneira. E nesse aspecto, a globalização, que se iniciou na década de 90, teve também grande contribuição, pois ela e toda essa evolução fez aumentar a concorrência e os padrões de qualidade, de um lado pelo emprego de tecnologia nos processos produtivos, e por outro, pelo aumento da exigência em termos de preço e qualidade por parte do consumidor. E, para as Organizações darem conta desses novos padrões de qualidade e tecnologia, foi preciso mudar a forma de gerenciar a força de trabalho, mudando seus paradigmas; a figura do capataz deu lugar ao líder, e a área de Recursos Humanos (RH) das Organizações precisou se modernizar e cuidar da gestão de pessoas de modo mais amplo e eficiente.

A GESTÃO DE PESSOAS E A PRODUTIVIDADE

Ainda que, eu mesmo, na minha carreira corporativa, tenha conhecido vários profissionais cujos perfis estavam muito mais próximos ao do capataz, do que ao do líder, é evidente que a grande maioria já percebeu a importância da liderança eficaz para o resultado operacional. E cada vez mais, a boa gestão de pessoas será determinante para o sucesso de qualquer Organização. No início do século XX, na fábrica da Western Electric Company (Hawthorne/Chicago), foram realizados uma série de experimentos para verificar o quanto a iluminação afetava a produtividade, e verificou-se que a cada alteração na iluminação, houve melhora na produtividade. Porém, surpreendentemente, ao se retornar às condições de iluminação iniciais, a produtividade continuou alta, indicando que a atenção dada ao ambiente de trabalho era o fator preponderante, e não a luminosidade em si. Esse experimento é um marco no estudo da produtividade no trabalho, e dele participou, também, Elton Mayo (psicólogo, sociólogo, pesquisador e professor da Harvard Business School); sendo que o experimento abordou, também, aspectos de duração do trabalho, intervalos, incentivos, e outras questões relevantes para os funcionários, mostrando a importância da gestão de pessoas. Esse experimento revolucionário, por conta de seus achados, deu origem à expressão "efeito Hawthorne", para indicar o aumento na produtividade decorrente do aumento da atenção ao trabalhador.

A ESTRUTURA DA GESTÃO DE PESSOAS EFICAZ

Baseado nas mudanças das relações de trabalho e descobertas sobre produtividade ao longo do tempo, como vimos anteriormente, a área de Recursos Humanos (RH) das Organizações precisou ocupar-se não apenas de "recrutamento & seleção" e "documentação legal e regulamentos internos", mas também, de um conjunto importante de outras funções na Gestão de Pessoas:

- Plano de Cargos e Salários: descreve todos os cargos da Organização, estabelecendo suas responsabilidades, requisitos e faixa salarial. Isso tem um forte apelo, não apenas por organizar a

PRODUTIVIDADE

grade das funções, mas por dar uma visão clara da possibilidade de crescimento profissional.

- Política de Benefícios: inclui plano de assistência médica, seguro de vida, PLR (participação nos lucros e resultados), previdência complementar, educação financeira, bolsa de estudos, auxílio farmácia etc. Esses são fatores importantes para criar uma atratividade de emprego, mantendo os talentos dentro da Organização.

- Avaliação de Desempenho: uma boa avaliação deve apontar as competências onde o funcionário é bom (para garantir que assim continue), e aquelas onde ele precisa melhorar (buscando desenvolvimento). A avaliação de desempenho tem a finalidade de desenvolver o funcionário com potencial e, quando for o caso, substituir os de baixo desempenho e baixo potencial.

- Desenvolvimento de Competências: é o processo que visa desenvolver as competências dos funcionários, que foram identificadas previamente como necessárias. Esse processo inclui, também, a programação dos treinamentos, sua execução e avaliação. É um fator motivacional importante para a força de trabalho.

- Plano de Sucessão: é o processo formal que identifica e desenvolve determinadas pessoas para assumirem determinados cargos, focando, obviamente, naqueles cargos que são mais estratégicos ou que tenham maior dificuldade na sua substituição.

OS EFEITOS DA BOA GESTÃO DE PESSOAS NA PRODUTIVIDADE

O *burnout*, que é o temo em inglês para identificar o esgotamento físico/mental no trabalho, é, em síntese, o resultado de uma má gestão de pessoas. Segundo uma pesquisa Gallup, com 7500 funcionários, publicada em 2018, e que avaliou o efeito do *burnout*, os 5 fatores que levam ao *burnout* são: tratamento injusto no trabalho, carga de trabalho exagerada, falta de clareza de função, falta de comunicação e apoio do gestor, e pressão por prazo irracional. Todos esses fatores são resultado de uma má gestão de pessoas, seja por conta do gestor que foi mal recrutado e não é adequado ao cargo, seja por ausência de políticas adequadas, seja por um plano de cargos malfeito, seja por conta de falta de treinamento. Enfim, está tudo relacionado à uma gestão de pessoas equivocada.

A pesquisa Gallup informa, ainda, que aqueles que disseram que muitas vezes (ou sempre) sofrem *burnout* no trabalho têm 63% mais chances de passar um dia doente, têm 2,6 vezes mais chances de deixar seu atual emprego, e são 13% menos confiantes em seu desempenho.

O estudo "Comportamentos de Liderança: Efeitos sobre a satisfação no trabalho, produtividade e comprometimento organizacional " (*Leadership behaviours: Effects on job satisfaction, productivity and organizational commitment*), publicado em 2001 por Jennifer C F Loke (Universidade de Hull- Reino Unido), realizado em organizações de saúde, em Cingapura, apontou que **a produtividade e a satisfação no trabalho dos colaboradores, e o comprometimento organizacional, apresentaram uma** correlação estatística com o **comportamento das lideranças**. Existem várias outras pesquisas que relacionam a boa liderança, com os bons resultados organizacionais. Dessa forma, a gestão de pessoas da Organização deve ter certeza de recrutar e selecionar as lideranças adequadas ao seu ambiente de trabalho e Cultura Organizacional, buscando os melhores profissionais, com o objetivo de, além de criar um bom ambiente de trabalho (sem *burnout*), atingir os melhores patamares de produtividade.

Quanto ao treinamento, uma pesquisa da Universidade de Berkeley, sobre produtividade e treinamento, mostrou que o aumento de 1% no tempo de estudo da força de trabalho em um país latino-americano, representou ampliar em 0,4% a produtividade nacional em um ano. A Motorola calculou, anos atrás, que cada dólar investido em treinamento trazia um retorno de 30 dólares em ganho de produtividade dentro de 3 anos.

CONCLUSÃO

É evidente o papel que exerce a **gestão de pessoas** no resultado corporativo, principalmente no tocante à produtividade, sendo **um dos principais fatores críticos de sucesso de qualquer Organização**. Por isso, dedique-se a criar uma estrutura de gestão de pessoas que seja eficaz, abordando todos os seus principais processos (recrutamento & seleção, documentação legal e regulamentos internos, plano de cargos e salários, política de benefícios, avaliação de desempenho, desenvolvimento de competências, e plano de sucessão), focando especialmente a **seleção das lideranças**, e os **programas de treinamentos**; pois, estes são fatores-chave, não apenas para a produtividade, mas, pensando em um contexto maior, para criar uma Cultura de Melhoria, que vai levar a Organização a patamares mais elevados nos seus principais indicadores, conforme abordei em detalhes no meu livro Cultura de Melhoria - Levando a Organização à Excelência.

FALTA DE ATENÇÃO: O QUE A CIÊNCIA TEM A DIZER?

Você já se pegou divagando, hoje? Já passou por aquela reunião em que, do nada, você estava pensando em algo totalmente diferente daquilo que era discutido? Já tentou escrever aquele relatório importante, mas sua mente insistia em trazer à tona assuntos totalmente diversos do tema do relatório? Pois é... se respondeu sim, não se desespere, muitos de nós (eu me incluo aí) enfrentamos essa falta de atenção que nos tira de nossa órbita, sem qualquer aviso.

Essa falta de atenção é chamada de divagação da mente, que é a experiência de pensamentos diversos do seu foco de atenção; é quando a sua atenção varia com o tempo, desviando-se da atividade em que você está envolvido. Mas o que a ciência tem a dizer?

A CIÊNCIA ATENTA À FALTA DE ATENÇÃO

Michael Kane, um psicólogo da Universidade da Carolina do Norte, Greensboro, Estados Unidos, liderou uma pesquisa para verificar os pensamentos dos alunos, oito vezes ao dia, durante uma semana. Ele descobriu que, em média, eles estavam, em 30% do tempo, pensando em algo diferente daquilo que estavam fazendo.

Uma tarefa comum, que exige concentração, é a leitura e, segundo o professor Jonathan Schooler, da Universidade da Colúmbia Britânica, em Vancouver, Canadá, a mente das pessoas divaga de 15 a 20% do tempo enquanto leem e, geralmente, as pessoas não percebem isso. Uma outra pesquisa, liderada também pelo professor Jonathan Schooler, encontrou uma relação negativa entre atenção plena e desempenho criativo em geral, ou seja, divagar é bom para a criatividade; no entanto, os participantes mais atentos tiveram um desempenho melhor quando instruídos a abordar problemas analiticamente.

Outra informação interessante vem da Universidade de Harvard, Estados Unidos, de um estudo de Matthew A Killingsworth, Daniel T Gilbert. Eles desenvolveram uma tecnologia para smartphones para testar os pensamentos, sentimentos e ações das pessoas, e descobriram que as pessoas pensam sobre o que não estão fazendo quase tão frequentemente quanto pensam sobre o que estão fazendo, e mais, descobriram que isso geralmente as deixam infelizes; ou seja, tomar consciência de que você não está se concentrado no que deve fazer, o deixa triste.

COMO EVITAR A DIVAGAÇÃO DA MENTE

Para sermos mais produtivos, evitando a divagação da mente, algumas medidas podem ser tomadas, entre elas, podemos citar:

- **Respeite o ritmo do seu corpo e programe suas atividades de acordo:** algumas pessoas são matutinas, mais produtivas e atentas pela manhã, outras, vespertinas, mais produtivas e atentas à tarde. Então, procure programar suas atividades de acordo com isso, dessa forma, você tende a estar no seu melhor estado físico e mental, no momento que mais precisa. Por exemplo, se você se concentrar melhor pela manhã, tente usar esse tempo para as atividades de projeto, ou de planejamento, pois, à tarde, elas podem parecer desgastantes demais; e o contrário é verdadeiro.

- **Desconecte-se e esconda seu smartphone:** segundo um estudo conduzido pelos pesquisadores Adrian F. Ward, Kristen Duke, Ayelet Gneezy, e Maarten W. Bos, intitulado *Brain Drain: The Mere Presence of One's Own Smartphone Reduces Available Cognitive Capacity*, e publicado em 2017, a mera presença do seu smartphone, ainda que ele esteja desligado, reduz a sua capacidade cognitiva disponível (processo mental que leva ao conhecimento), pelo fato de você dedicar parte de sua capacidade cognitiva para resistir a ele. Os autores do estudo chamam isso de "drenagem cerebral". Segundo os pesquisadores, simplesmente desligar as notificações ou colocar o telefone no modo avião não vai funcionar. Você precisa deixar seu smartphone em um lugar que exija algum esforço para pegá-lo, por exemplo, dentro de seu carro. No começo, você estranhará, mas a tendência é que, com o tempo você acabará esquecendo dele, ficando mais envolvido em sua tarefa. Isso parece radical, mas é a maneira de, realmente, se concentrar e se manter focado no que você está fazendo. "Ah...mas, eu não posso! Preciso estar conectado!". Aí, então, vai ter que conviver com o ônus disso... Mas, ainda que não possa fazê-lo no dia a dia, experimente isso nos treinamentos que realizar, reuniões muito importantes, projetos sensíveis etc., tomando o cuidado de avisar as pessoas-chave de que você estará, durante esse tempo, desconectado.

- **Cancele as notificações de e-mail**: os e-mails são um caso clássico de improdutividade (quando mal-usados, o que, infelizmente, é a grande maioria dos casos). Desse modo, para evitar a distração pelos avisos de chegada de e-mail, desligue-os. E mais, reserve determinados momentos do dia para acessá-los e respondê-los. Em nenhuma Organização que se preze, e-mails deveriam ser urgentes, pois, quando o assunto é urgente, o e-mail deve ser acompanhado de um telefonema direto no ramal da pessoa que deve tomar a tal ação urgente.

- **Resuma o assunto com frequência**: uma maneira muito eficiente de manter sua mente focada é fazer resumos frequentes. Por exemplo, imagine que você está em um treinamento, reunião ou palestra, então, para manter o foco, faça, a cada 5 minutos, um resumo do que está sendo falado ou discutido. O fato de você se testar com frequência, não apenas vai deixar você mais focado, mas vai permitir memorizar o conteúdo tratado com muito mais eficácia.

- **Aceite que você não pode mudar o passado:** se ocorreram coisas que te chatearam, ou se você cometeu algum erro (fazemos isso a todo instante), tire lições disso, aprenda o que for possível com a experiência, e siga em frente. Não deixe que o passado faça sua mente divagar no seu presente.

- **Faça intervalos ocasionais:** segundo o psicólogo Paul Seli, da Universidade de Harvard, Estados Unidos, parar de vez em quando para dar uma oportunidade à sua mente, pensando em outra coisa, e retornando depois, pode revigorar o foco.

- **Durma bem:** a falta de sono prejudica o desempenho mental em geral, e um estudo da Universidade do Texas, Estados Unidos, mostrou que a privação do sono reduz nossa capacidade de resistir a distrações, internas e externas. Ademais, o sono também é importante para a consolidação da memória.

- **Rabisque:** isso mesmo, em um estudo publicado em 2009, 40 participantes monitoraram uma mensagem telefônica falsa e enfadonha, com nomes de pessoas que compareceriam a uma festa. Metade do grupo foi aleatoriamente designada para "rabiscar", sombreando formas impressas, enquanto ouviam as chamadas telefônicas. O grupo que "rabiscou" durante o teste, teve um desempenho melhor na tarefa de monitoramento das mensagens, e lembrou 29% mais informações, que o outro grupo. Ao contrário de muitas situações de dupla tarefa, o fato de rabiscar durante o trabalho pode ser benéfico.

A divagação da mente, que nos tira a atenção e nos desconcentra, como vimos aqui, não é sempre ruim, pois, enquanto ela pode ser um dificultador dos trabalhos racionais e analíticos, que exigem foco e atenção, pode ser boa para a criatividade.

O desafio é controlar a divagação da mente, evitando-a em trabalhos que exigem atenção (que é o caso geral), e deixando-a fluir em trabalhos criativos (situações específicas)!

PRODUTIVIDADE
POR QUE O ÓTIMO É INIMIGO DO BOM?

Que a atitude é um fator crítico do sucesso, ninguém discute. Porém, muita gente não se dá conta de que, querendo acertar, acaba errando. Não é raro as pessoas quererem levar um projeto ao nível 100% para colocá-lo em prática, ou então, esperam o momento 100% adequado para executarem determinada tarefa. O mais das vezes, isso leva a uma frustração! Por quê? Porque, dificilmente, chegaremos ao nível 100%, que dirá no início de qualquer coisa. Ou seja, tentando fazer algo perfeito, você pode impedir que algo seja suficientemente bom. Esperando chegar ao ponto ótimo, as pessoas não atingem o bom. Essa é a essência do provérbio italiano que diz: "o ótimo é inimigo do bom" (*Il meglio è l'inimico del bene*), que foi difundido pelo filósofo francês Voltaire (*le mieux est*

l'ennemi du bien) tanto no seu Dicionário Filosófico (*Dictionnaire Philosophique*), publicado em 1770, como em seu poema *La Bégueule,* publicado pouco tempo depois.

PODE SER A DIFERENÇA ENTRE O SUCESSO E O FRACASSO

Gretchen Rubin, autora do best-seller *The Happiness Project* (Projeto Felicidade), publicado em 2009, estabeleceu a seguinte resolução: "não permita que o perfeito seja o inimigo do bom. Em outras palavras, em vez de se esforçar para chegar a um perfeito impossível e, portanto, não chegando a lugar algum, aceite o bom."

Quem usou computadores com o sistema operacional Windows nos anos 90 deve lembrar bem das inúmeras mensagens de erro do sistema, e que, não raras vezes, travavam o computador. Bill Gates, um homem de visão, não esperou o Windows estar ótimo para lançá-lo; e isso fez impulsionar a tecnologia da informação de diversas maneiras, mudando sobremaneira o mundo. Com o tempo, é claro, o sistema foi aprimorado; hoje, praticamente, não se veem mais as tais mensagens de erro. Alguém pode imaginar a diferença e o impacto em nossas vidas, caso Bill Gates tivesse esperado pelo sistema ótimo, ao invés de aceitar o bom?

Recentemente, minha mãe levou seu *pet* ao hospital veterinário e a médica receitou algumas cápsulas. Minha mãe argumentou que as cápsulas são difíceis de dar e estressa muito o animal, e pediu uma medicação líquida. A médica insistiu dizendo que a absorção é ótima em forma de cápsulas, e as manteve como prescrição. A médica, na sua inocência, querendo atingir o ótimo, sequer alcançou o bom.

Muitos anos atrás, assistindo a uma palestra do Jaime Lerner (arquiteto e urbanista, que foi 3 vezes prefeito de Curitiba, responsável pela criação da Rua das Flores, canaletas exclusivas dos ônibus expressos, estações tubo, entre outras coisas), lembro dele ter dito algo assim: "Não espere um projeto estar 100% pronto para colocá-lo em prática, pois, do contrário, você poderá perder o *timing* ou nunca realizá-lo." É claro que, pelo fato disso ter ocorrido há mais de 30 anos, pode ser que eu tenha trocado algumas de suas palavras, mas, certamente, não o sentido, que ficou marcado como um precioso ensinamento de um homem realizador.

Quem não assistiu a grandes sucessos de público do cinema, como Titanic, Gladiador, De Volta para o Futuro, Guerra nas Estrelas; pois bem, todos esses filmes têm em comum, além de serem icônicos e terem tido um sucesso enorme, o fato de terem colecionado uma série de erros de produção ou sequência. No caso do Titanic, há um erro relacionado à proa do navio (parte da frente), que, em duas cenas diferentes, aparece com duas estruturas (designs) diferentes. No caso do Gladiador, numa cena em que uma biga tomba, aparece um cilindro de gás que estava escondido embaixo dela. Alguém se deu conta disso ao ver os filmes? Sabendo disso, alguém tira todos os méritos desses filmes? Acredito que não! Se os respectivos diretores dos filmes quisessem chegar à perfeição, talvez não os tivessem terminado nunca.

Eu mesmo, provavelmente, não teria escrito e lançado 9 livros nas áreas de gestão, finanças, e cognição, se tivesse esperado chegar à perfeição; e nem mesmo teria escrito este artigo, agora. Por isso, tenho procurado o razoável, o aceitável, aquilo que seja bom o suficiente. Não que eu imponha limites, pois acredito que, em determinadas situações, podemos até chegar ao extraordinário, mas, sendo prático, busco balizar-me, o mais das vezes, no que seja bom o suficiente. Isso é uma forma de eu driblar o perfeccionismo, que sempre foi uma característica com a qual tive que lidar em várias situações; pois, acredito eu, o perfeccionismo deve ter evitado várias outras coisas que eu poderia ter realizado, caso tivesse buscado o bom, ao invés do ótimo.

FAZER O BOM NÃO É FAZER MALFEITO

É preciso que fique claro que buscar o bom quer dizer: buscar o bom! Não é negligenciar, não é fazer malfeito. Também não quer dizer que, podendo fazer melhor, você, deliberadamente, escolha fazer pior. Não deixar que o ótimo atrapalhe chegar ao bom é, acima de tudo, usar o **bom senso**. Afinal, lembremos das palavras de Confúcio (filósofo chinês que morreu no século V antes de Cristo): "É melhor um diamante com defeito, do que uma pedra qualquer sem defeito."

PRINCÍPIO DE PARETO: COMO AUMENTAR A PRODUTIVIDADE COM ELE?

O princípio de Pareto, também conhecido como regra 80/20, diz que em qualquer grupo de fatores que contribuem para um efeito comum, poucos são os responsáveis pela maior parte do efeito. Podemos dizer, também, que o princípio de Pareto atesta que 80% dos efeitos provêm de 20% das causas, ou ainda, 80% dos resultados provêm de 20% das ações. De natureza estatístico-empírica, esse princípio aparece em vários sistemas dotados de estrutura tipo causa e efeito, considerado por muitos como um fenômeno universal. O número 80/20 não é absolutamente rígido, obviamente, é apenas um indicativo, uma referência; você poderá encontrar, nas situações práticas, relações muito próximas, mas não exatamente 80/20.

ORIGEM DO PRINCÍPIO DE PARETO

Vilfredo Federico Damaso Pareto (1848 - 1923), nasceu (Fritz Wilfried Pareto) em Paris, no período em que seu pai estava refugiado politicamente; voltou à Itália com a família, em 1858, tendo a cidadania italiana reconhecida, sendo, por isso, considerado um economista, engenheiro e sociólogo italiano. No final do século XIX, Pareto estudou a distribuição de riqueza na Itália e descobriu que 80% dela estava na mão de apenas 20% da população.

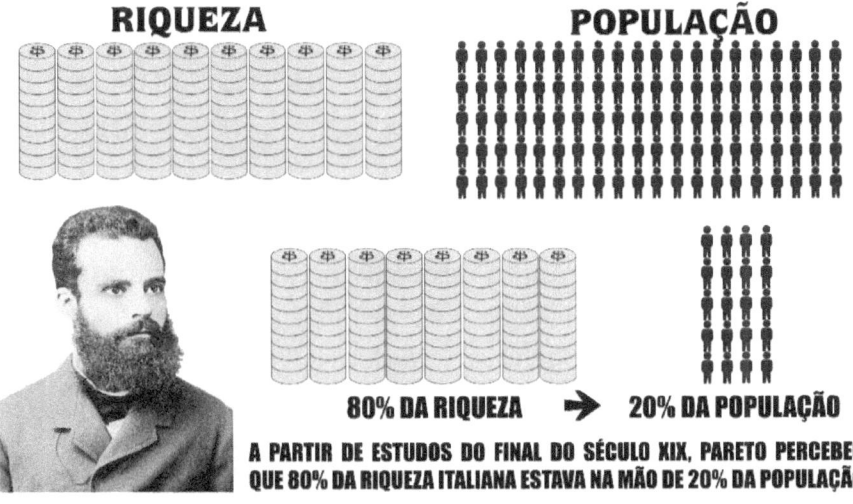

Na década de 1950, Joseph Juran, um engenheiro e consultor da qualidade romeno-americano, foi o primeiro a apontar que aquilo que Pareto havia observado era um princípio universal, que poderia ser aplicado a uma variedade de situações, e não apenas à atividade econômica, e parecia ser aplicado, sem exceção, à problemas de qualidade; e foi Juran que cunhou o termo **Princípio de Pareto,** dizendo que em qualquer grupo de fatores que contribuam para um efeito comum, poucos são os responsáveis pela maior parte do efeito.

Eu fui pesquisar como é a distribuição de riqueza mundial, hoje, e encontrei uma informação do Banco Credit Suisse (Global wealth databook 2019) que mostra a seguinte distribuição de riqueza global: 89,2% da população mundial de adultos detém 17,3% de toda a riqueza; enquanto 10,7% da população mundial de adultos detém 82,8% da riqueza mundial. Incrível, não, mas aí está o princípio de Pareto, mais uma vez.

EXEMPLOS DE PRINCÍPIO DE PARETO NO DIA A DIA DOS NEGÓCIOS

Nos negócios, em geral, podemos tirar proveito do princípio de Pareto, na medida que entendamos quais são as informações vitais em que devemos nos fixar para dar foco, uma atenção maior, e, dessa forma, aumentarmos significativamente a produtividade.

- 80% do faturamento vem de 20% dos clientes;
- 80% do faturamento vem de 20% dos produtos/serviços;
- 80% das reclamações dos clientes vêm de 20% dos defeitos;
- 80% dos defeitos dos produtos vêm de 20% das causas;

- 80% da eficiência da Organização vem de 20% das lideranças;
- 80% dos problemas internos vêm de 20% dos colaboradores;
- 80% dos resultados da Organização vêm de 20% dos colaboradores;
- 80% do retorno de publicidade vem de 20% dos esforços em marketing;
- 80% da utilização de um software vem de 20% das suas características;
- 80% das melhorias vêm de 20% de esforços.

Lembre-se, mais uma vez, de que a relação 80/20 é apenas uma referência. Como já disse, você poderá encontrar as mais variadas relações desde 70/20 até 90/20, ou 70/15 a 90/15, ou ainda, qualquer relação próxima disso. **O importante é ter em mente que em qualquer conjunto de elementos que contribuam para um efeito comum, poucos serão os responsáveis pela maior parte desse efeito.**

QUALIDADE 4.0: A NOVA FRONTEIRA!

O termo Qualidade 4.0 deriva do termo Indústria 4.0 (4ª Revolução Industrial) e representa a área tradicional de Qualidade utilizando-se, basicamente, da união das seguintes tecnologias: **conectividade + inteligência artificial + computação em nuvem + automação**. As novas ferramentas disponíveis incluem processamento inteligente, aprendizado de máquina (machine learning), dispositivos e operações conectados entre si (internet das coisas), blockchain, big data, robôs inteligentes interagindo com humanos, realidade virtual, realidade aumentada, e aplicativos em computação em nuvem, para citar algumas.

DESAFIOS

É importante ressaltar que, ainda que recheada de novas tecnologias e, portanto, demandando competências tecnológicas de seus profissionais, a Qualidade 4.0 exige também uma Cultura da Qualidade madura e uma base sólida da Qualidade tradicional, pois a Qualidade 4.0 não substitui os métodos tradicionais, mas os aprimora. Segundo uma pesquisa sobre Qualidade 4.0, conduzida pela Boston Consulting Group (BCG), pela Sociedade Americana de Qualidade (ASQ), e pela Sociedade Alemã de Qualidade (DGQ), os maiores desafios (barreiras) em relação à implementação da Qualidade 4.0, considerando um ranking de 1 (menor barreira) a 10 (maior barreira), são:

- Falta de habilidades e talentos digitais: 7,3
- Falta de estratégia digital, ou estratégia pouco clara: 6,3
- Falta de Cultura da Qualidade: 6,0
- Sistemas/infraestrutura digital desatualizados: 5,8
- Fragmentação de dados da Qualidade: 5,7
- Falta de verba: 5,1
- Resistência dentro da Organização: 5,0
- Falta de suporte da gestão sênior: 4,7
- Qualidade e integridade dos dados: 4,7
- Preocupações em relação à segurança digital: 3,5

ESTEJA PRONTO!

Para implementar a Qualidade 4.0 com sucesso, já vimos que os desafios não se restringem apenas às questões tecnológicas, mas também, às humanas; por isso, as Organizações devem adotar um planejamento estratégico que inclua os seguintes pontos:

- **Priorize as maiores dores da Organização:** Identifique os pontos fracos que mais estão impactando na qualidade dos produtos e processos, e que podem ser melhorados com soluções digitais, com base no potencial de ganho e na redução de riscos;
- **Desenvolva um planejamento bem estruturado:** desenvolva uma visão clara e um roteiro focando (como já alertamos) nos casos onde haja maiores ganhos. O planejamento da Qualidade 4.0 deve estar inserido no planejamento estratégico da Organização, pois envolve custos financeiros (equipamentos, treinamento, pessoal etc.).
- **Cuide da área de Tecnologia da Informação:** antes de mais nada, tenha certeza de que a área de TI da Organização esteja ciente da situação atual e das necessidades de melhorias da infraestrutura de TI, não apenas identificando as deficiências, mas prevendo, também, possíveis problemas de dados que possam impedir a escalada do aumento de uso. Além disso, certifique-se de que os seus profissionais estejam devidamente preparados para o novo desafio;
- **Comprometa as lideranças:** assim como em qualquer programa de qualidade, desde uma ISO 9001, até um programa 6 Sigma, a Qualidade 4.0 também precisa (e muito) do comprometimento de

todos, e isso sempre começa pelas lideranças (desde a alta direção até os líderes de produção). Portanto, tenha certeza de ter os líderes certos e bem-preparados;
- **Desenvolva as competências necessárias:** identifique e desenvolva as competências necessárias que o pessoal precisará para utilizar eficientemente as novas ferramentas. Defina um programa de treinamento permanente, de modo não apenas a desenvolver, mas aprimorar convenientemente as competências do pessoal;
- **Gerencie de perto e analise criticamente:** como em qualquer bom Sistema de Gestão da Qualidade, ou implementação de um novo programa da Qualidade, a transição para a Qualidade 4.0 exige, também, uma determinada frequência de reuniões de análise crítica, além, é claro, de um gerenciamento ativo para acompanhar de perto o dia a dia dos trabalhos;

Ainda hoje, a Qualidade 4.0 é um diferencial competitivo, mas, amanhã, poderá será mandatório. Por isso, conheça e entenda seus aspectos fundamentais e mais importantes, e trabalhe numa estratégia de modo a se manter conectado e ativo, produzindo com qualidade.

COMO É A QUALIDADE DO SEU SISTEMA DE GESTÃO DA QUALIDADE?

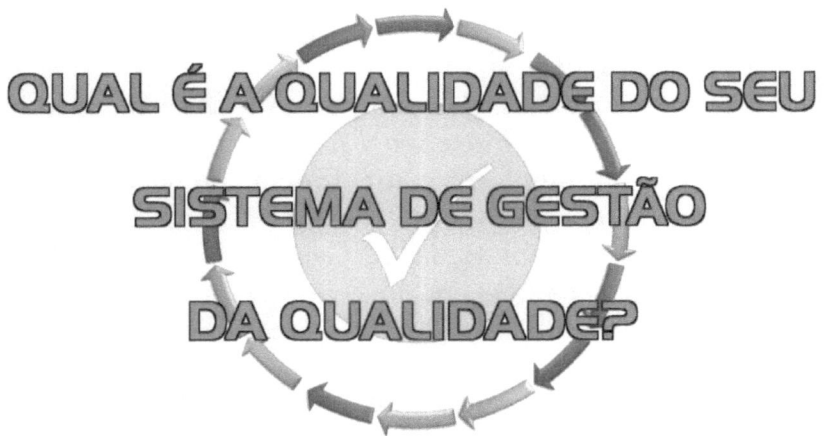

Copyright @ Falando de Gestão 3 - Rodrigo Vargas

Segundo a ISO 9000:2000 - Fundamentos e Vocabulário, um Sistema de Gestão da Qualidade (SGQ) é um conjunto de elementos inter-relacionados ou interativos de uma Organização para estabelecer políticas, objetivos e processos para alcançar esses objetivos, com relação à Qualidade. Segundo a Sociedade Americana da Qualidade (ASQ), um Sistema de Gestão da Qualidade (SGQ) é definido como um sistema formal que documenta processos, procedimentos e responsabilidades para alcançar as políticas e objetivos da qualidade, ajudando a coordenar e direcionar as atividades de uma organização para atender aos requisitos dos clientes e melhorar sua eficiência de forma contínua. Eu diria, ainda, que o SGQ é um sistema estruturado e integrado que permite à Organização e seus usuários estabelecerem os processos e políticas da Qualidade com o objetivo de controlarem e melhorarem a Qualidade dos seus produtos e processos, buscando, primordialmente, satisfazer ao cliente, melhorar continuamente, e inovar. Baseado nisso, e na minha experiência em gestão industrial, formulei perguntas fundamentais a se fazer para analisar a qualidade de um SGQ, vejamos a seguir.

12 PERGUNTAS PARA AVALIAR A QUALIDADE DE UM SISTEMA DE GESTÃO DA QUALIDADE

#1 - Os usuários do SGQ entendem o seu funcionamento? Não é raro ver sistemas que, ainda que implementados, são desconhecidos em parte pela maioria dos usuários. Um SGQ, para ser eficiente, antes de mais nada, deve ter seu funcionamento bem entendido por todos, absolutamente todos os envolvidos.

#2 - O SGQ cumpre com os requisitos normativos? Para ser eficaz, um SGQ deve cumprir com todos os requisitos normativos e regulamentares de forma inequívoca.

#3 - O SGQ está bem estruturado do ponto de vista de TI? A infraestrutura de tecnologia da informação deve prover um SGQ que seja muito bem estruturado, com backup, recuperação, proteção de dados, governança, criptografia etc.

#4 - O SGQ está pronto para o crescimento da Organização? Outro ponto fundamental é que o SGQ, além de bem estruturado, seja escalável, esteja pronto para o crescimento da Organização, com aumento de dados e usuários.

#5 - O SGQ está devidamente integrado com os demais sistemas corporativos? O SGQ, além de bem estruturado e pronto para o crescimento corporativo deve, também, conversar com todos os demais sistemas corporativos de forma fluida, permitindo uma adequada integração.

#6 - O SGQ fornece informações gerenciais adequadas? Um ponto importante do SGQ é que ele seja capaz de transformar os dados inseridos nele em informações gerenciais para análise crítica e tomada de decisões.

#7 - O SGQ é ágil o suficiente para encontrar soluções em tempo hábil? Já vi sistemas de gestão que eram, de certa forma, bons, mas muito lentos, não proporcionando soluções em tempo hábil. E, agora, não me refiro apenas a hardware ou software, mas, ao sistema como um todo. Portanto, é fundamental para todos os envolvidos num SGQ é ter senso de urgência. Temos que ter em mente que as pessoas envolvidas no SGQ também fazem parte dele; ou seja, não devemos olhar o SGQ apenas como um conjunto de softwares ou ferramentas, devemos considerar, também, as pessoas, que precisam ter senso de urgência.

#8 - Os usuários do SGQ acreditam que ele os ajuda no dia a dia? Um termômetro muito bom para avaliar o SGQ é perceber se os seus usuários, principalmente os da área de Produção, acreditam que ele os ajuda. Se a percepção for negativa, há algo de errado e que requer ações imediatas.

#9 - O SGQ facilita o treinamento de pessoal? Existe uma demanda permanente de treinamento e o SGQ não deve apenas controlar isso, mas facilitar todos os treinamentos.

#10 - O SGQ está ajudando a consolidar a Cultura da Qualidade? Compare a situação de hoje com períodos anteriores e se pergunte se o SGQ contribuiu positivamente para consolidar a Cultura da Qualidade. Procure evidências, para ter certeza!

#11 - O SGQ tem proporcionado ações de melhoria? Outra questão prática é relativa às ações de melhoria proporcionadas pelo SGQ. Faça uma análise crítica para avaliar se o SGQ está, realmente, contribuindo para a melhoria contínua dos produtos, processos, e da Organização como um todo.

#12 - O SGQ tem proporcionado aumento da satisfação do cliente? Um quesito fundamental, e que deve ter toda a atenção dos responsáveis pelo SGQ é a análise dos indicadores de satisfação do cliente, se eles estão aumentando, ou não, com o passar do tempo, e qual é a contribuição efetiva do SGQ nesse contexto.

É claro que todo sistema de gestão traz consigo alguma burocracia, pois, em síntese, esse sistema deve conter todos os registros mais importantes relativos à qualidade. Por isso, algumas pessoas mais despreparadas podem ter mais dificuldade e serem mais relutantes ao seu uso e, às vezes, até mesmo por uma índole mais anárquica, tendem a desvirtuar seu uso. Nesses casos, é sempre necessária uma intervenção providencial das lideranças e dos responsáveis pelo SGQ.

QUALIDADE

Mas, fora as exceções, que devem ser devidamente tratadas, os usuários, em geral, devem aderir ao sistema, conferindo-lhe legitimidade e, para que isso ocorra, as perguntas que formulamos devem ser respondidas de modo satisfatório!

DIAGRAMA DE AFINIDADES: COMO USAR ESSA FERRAMENTA DA QUALIDADE?

O Diagrama de Afinidades é uma ferramenta da qualidade utilizada para analisar e agrupar uma série de informações (ideias, opiniões, assuntos etc.) conforme a afinidade que apresentam entre si. Esse método foi criado pelo geógrafo e antropologista japonês Jiro Kawakita, na década de 60, e por isso também é conhecido como Método KJ. O diagrama de afinidades é tido como uma das novas ferramentas da qualidade, e, também é chamado de mapeamento de afinidades e de análise temática.

ONDE USAR?

O diagrama de afinidades é uma ferramenta útil para ser utilizada em diversas situações, entre elas: para organizar ideias advindas de uma reunião de brainstorming; para analisar e agrupar opiniões de enquetes e pesquisas; para organizar e categorizar grandes conjuntos de dados, em geral, criando relacionamentos ou temas entre as ideias propostas.

COMO USAR?

Para realizar um diagrama de afinidades basta seguir os seguintes passos básicos, a seguir:

- **Reúna as pessoas que possam contribuir com a análise**: se for fazer um diagrama de afinidades após um brainstorming, então, o grupo deve ser o mesmo. Se for fazer um diagrama de afinidades para organizar, por exemplo, respostas de uma pesquisa de opinião, procure reunir as pessoas mais adequadas e que possam contribuir de modo efetivo.
- **Registre as informações em etiquetas adesivas**: para permitir a liberdade de agrupamento por temas, e uma flexibilidade para troca de agrupamento, utilize um sistema flexível, que pode ser etiquetas adesivas, cartões, ou um sistema informatizado equivalente.
- **Estabeleça os temas principais**: para o devido agrupamento por afinidade, deve ser estabelecido o título de cada agrupamento, ou seja, os temas que serão os títulos (como cabeças de chave) de cada grupo de afinidade. Em geral, são estabelecidos títulos para cada grupo, porém, se houver necessidade, você poderá criar, também, títulos para

subgrupos; buscando sempre o que for mais razoável.

- **Vincule cada item a um tema:** inicie o trabalho de organizar as informações, ligando-as a um grupo de afinidades, de acordo com o seu tema (título do grupo). Dessa forma, as informações (ideias, opiniões etc.) semelhantes podem ser identificadas e, eventualmente, incorporadas entre si. Nesse processo, é possível que haja necessidade de acrescentar ou retirar temas, de acordo com a necessidade.

Lembre-se de que o objetivo maior desse trabalho é organizar as informações adequadamente, para que, posteriormente, possam ser utilizadas da melhor forma. Portanto, a elaboração do diagrama deve ser tão objetiva quanto possível, e tão flexível quanto necessária.

PROGRAMA 5S: BÁSICO E PODEROSO

O Programa 5S (ou 5S's como alguns preferem), teve sua origem no Japão pós-guerra, tomando forma na década de 60, dentro da Toyota, como base para uma boa gestão de fábrica, consolidando-se a partir da década de 70, quando já ganha notoriedade global, como parte do Sistema Toyota de Produção, que o ocidente chama de *Lean Manufacturing*.

O 5S leva à melhoria do ambiente de trabalho e da qualidade de vida dos colaboradores e, através de mudança de atitude e comportamento, busca produtividade, qualidade e bem-estar do trabalhador. Seu nome deriva das iniciais das 5 palavras em japonês, que são os pilares do programa, e que começam com a letra "S": Seiri, Seiton, Seiso, Seiketsu, Shitsuke.

OBJETIVOS

Assim como, a grande maioria dos programas e metodologias dos japoneses, o 5S busca benefícios em longo prazo, sendo que, entre os principais objetivos, podemos citar:

- Segurança: através da organização dos setores e redução de material ao longo do ambiente de trabalho e, com isso, eliminando riscos e proporcionando movimentações mais estáveis, e efetivas.
- Redução do Desperdício: através da organização das áreas de trabalho, e a redução de material desnecessário.
- Produtividade: através do trabalho em ambientes mais organizados e limpos.
- Qualidade: como consequência natural da organização e limpeza das áreas de trabalho, é possível atingir maiores níveis de qualidade.
- Bem-estar: através da melhoria do ambiente físico de trabalho, mais limpo e organizado, pode-se proporcionar ao trabalhador uma sensação de bem-estar.
- Melhoria da gestão: através da organização, limpeza e mudança de comportamento do trabalhador, mais focado nesses aspectos, há uma melhor condição da gestão das pessoas e dos processos.

O SIGNIFICADO DOS 5S'S

Seiri = Senso de Utilização

- Cada pessoa deve saber diferenciar o útil do inútil
- Somente a quantidade certa deve estar disponível

- Diferenciar o que tem uso diário do que tem uso esporádico

Seiton = Senso de Organização

- Utilizar a forma mais adequada de organização, de modo que todos os objetos possam ser encontrados, retirados e recolocados em seus devidos lugares
- Cada coisa deve estar em seu lugar, após o uso
- Cada coisa tem seu único e exclusivo lugar
- É o conhecido bordão: "Um lugar pra cada coisa, e cada coisa no seu lugar."

Seiso = Senso de Limpeza

- Manter sempre limpo todo o ambiente de trabalho
- Limpar o que está visível e o que está escondido, também
- Limpar os locais de fácil acesso e os de difícil acesso, também
- Ajudar a conservar limpos os locais de uso comum

Seiketsu = Senso de Saúde

- Através dos 3 S's anteriores (seiri-seiton-seiso), buscar o bem-estar de todos
- Cuidar bem da nossa própria saúde e do grupo como um todo
- Manter higiene pessoal
- Respeitar as regras de segurança, zelando pela sua segurança e de seu colega
- Manter hábitos saudáveis e eliminar os prejudiciais

Shitsuke = Senso de Autodisciplina

- Empenhar-se na busca da satisfação dos 4 itens anteriores, sempre
- Obedecer aos regulamentos da empresa
- Trabalhar em equipe, respeitando os colegas e suas opiniões
- Buscar a melhoria constantemente
- Criar rotina das melhorias alcançadas
- Zelar pelo ambiente de trabalho
- Fazer isso tudo quando tem, e quando não tem, gente olhando

O PROGRAMA 5S

 SEIRI - SENSO DE UTILIZAÇÃO 整理

 SEITON - SENSO DE ORGANIZAÇÃO 整頓

 SEISO - SENSO DE LIMPEZA 清掃

 SEIKETSU - SENSO DE SAÚDE 清潔

 SHITSUKE - SENSO DE AUTODISCIPLINA 躾

Copyright @ Falando de Gestão 3 - Rodrigo Vargas

CULTURA DA QUALIDADE

Assim como ocorre com qualquer programa da qualidade, é preciso treinar e aculturar as pessoas, preparar o ambiente, e trabalhar em longo prazo. O papel dos gestores é, mais uma vez, fundamental: dando exemplo, engajando-se e estimulando todos no sentido de mudarem os comportamentos que precisam ser mudados. Os resultados valem a pena, são impressionantes, porém, para isso, é fundamental o engajamento da alta direção, pois, num ambiente de mudanças, deve haver a participação e o exemplo das principais lideranças. E esse é um dos principais motivos pelos quais o programa 5S tem sucesso no Japão, e fracassa em outros países, pois lá, a alta direção o pratica de forma consistente.

FERRAMENTAS BÁSICAS DA QUALIDADE: HISTOGRAMA

Um histograma é um gráfico com barras, verticais ou horizontais, utilizado para representar uma distribuição de frequências; tendo, no eixo X, dados organizados em classes (faixas, grupos, ou intervalos), em que a altura da coluna é proporcional à frequência da variável na sua classe (no caso em que os intervalos são iguais).

Veja, a seguir, dicas para construir um histograma visualmente bom:

- Tanto quanto possível, utilize sempre intervalos iguais, pois, nesse caso, a altura de cada coluna será igual à frequência da variável, e isso facilita a comparação entre os intervalos;

- Procure fazer os intervalos de modo que proporcionem o melhor agrupamento possível;
- Utilize um número razoável de intervalos, lembre-se de que o objetivo é que o gráfico seja visualmente amigável, facilitando o entendimento do comportamento da variável.

ORIGEM DO HISTOGRAMA

Segundo várias fontes, inclusive Lexico.com (iniciativa conjunta da Universidade de Oxford e Dictionary.com), a origem da palavra "histograma" teria vindo do grego "istos" (mastro, rede) e "gramma" (escrito, carta), ou seja, a palavra significaria escrito (ou desenhado) em colunas. O termo teria sido cunhado pelo matemático inglês, Karl Pearson, em 1895, considerado o criador o histograma.

DIFERENÇA ENTRE HISTOGRAMA E GRÁFICO DE BARRAS

Enquanto um gráfico de barras relaciona uma variável no eixo X, com uma variável, no eixo Y; um histograma relaciona um intervalo de uma variável no eixo X, com sua frequência, no eixo Y.

Enquanto o gráfico de barras mostra a relação entre duas variáveis, o histograma mostra o comportamento da variável. Veja os exemplos, a seguir:

QUALIDADE

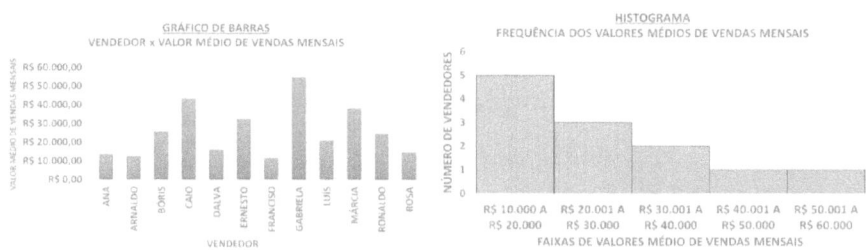

Copyright @ Falando de Gestão 3 - Rodrigo Vargas

No gráfico de barras vemos a relação de cada vendedor com o valor médio de vendas mensais, e dá para ver que a Ana está vendendo pouco mais de 10 mil por mês; mas, no histograma, vemos a frequência que determinado valor médio de vendas mensais ocorre, e dá para ver que há 5 vendedores vendendo um valor médio de 10 mil a 20 mil no mês.

OS PRECURSORES

Um dos precursores no uso do gráfico de barras é o economista escocês, William Playfair, que o utilizou para representar os valores de exportação e importação do ano de 1780, entre a Escócia e diversos outros países.

O matemático inglês, Karl Pearson, como já dissemos, é considerado o precursor no uso do histograma, em 1895, e é a ele quem se atribui, também, ter cunhado o nome "histograma".

EXEMPLOS DE USO DO HISTOGRAMA

Vamos ver um exemplo com dados coletados de testes feitos com um motor ao final de uma linha de montagem.

QUALIDADE

O teste é feito em 100% dos produtos, e a planilha de dados mostra o momento em que cada falha ocorre. Veja, a seguir, uma amostra da planilha de dados dos testes:

PLANILHA DE TESTES

MÊS	DIA	CÓDIGO DO PRODUTO	OPERADOR	TIPO DE TESTE	TIPO DE FALHA	MOMENTO DA FALHA
MARÇO	19	MBR100154	RODRIGO	FINAL DE LINHA	A	16,00
MARÇO	19	MBR100155	RODRIGO	FINAL DE LINHA	A	23,75
MARÇO	19	MBR100156	RODRIGO	FINAL DE LINHA	A	17,00
MARÇO	19	MBR100157	RODRIGO	FINAL DE LINHA	A	15,50
MARÇO	19	MBR100158	RODRIGO	FINAL DE LINHA	B	22,00
MARÇO	19	MBR100159	RODRIGO	FINAL DE LINHA	A	21,00
MARÇO	19	MBR100160	RODRIGO	FINAL DE LINHA	A	12,25
MARÇO	19	MBR100161	RODRIGO	FINAL DE LINHA	A	27,00
MARÇO	19	MBR100162	RODRIGO	FINAL DE LINHA	AA	23,00
MARÇO	19	MBR100163	RODRIGO	FINAL DE LINHA	B	17,50
MARÇO	19	MBR100164	RODRIGO	FINAL DE LINHA	A	15,00
MARÇO	19	MBR100165	RODRIGO	FINAL DE LINHA	A	20,00
MARÇO	19	MBR100166	RODRIGO	FINAL DE LINHA	A	25,75
MARÇO	19	MBR100167	RODRIGO	FINAL DE LINHA	B	18,00
MARÇO	19	MBR100168	RODRIGO	FINAL DE LINHA	A	29,25

Copyright @ Falando de Gestão 3 - Rodrigo Vargas

As planilhas com dados reportados ao longo de um mês foram tabuladas, resultando na tabela a seguir:

MOMENTO DA FALHA (MINUTOS)	QUANTIDADE DE FALHAS
ATÉ 5 MINUTOS	40
DE 5,1 A 10	60
DE 10,1 A 15	70
DE 15,1 A 20	95
DE 20,1 A 25	80
DE 25,1 A 30	55
MAIS DE 30	50

O histograma resultante é o seguinte:

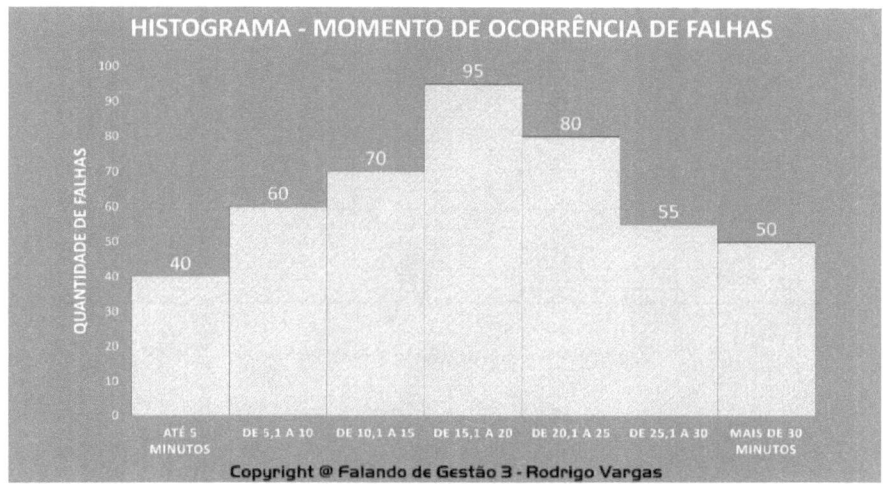

Com base nisso, vê-se, claramente, que as falhas estão ocorrendo mais frequentemente no intervalo de 15,1 a 20 minutos, sendo esse o momento mais crítico do teste. Em conjunto, as áreas de Qualidade, Engenharia, e Produção podem trabalhar para investigar e buscar as causas desse problema.

Outro Exemplo: Ao final de um ano, o gerente financeiro da empresa queria ver o perfil dos clientes, baseado no valor médio mensal comprado (valor total de compras do ano dividido por 12). Trata-se de uma empresa que vende autopeças para grandes distribuidores e redes.

Veja, a seguir, uma amostra da planilha de faturamento:

QUALIDADE

PLANILHA DE FATURAMENTO

MÊS	DIA	CLIENTE	ORDEM DE COMPRA	FATURA	VALOR
OUTUBRO	13	ABC	100.012	98.355	R$ 22.589,00
OUTUBRO	13	XYZ	100.014	98.356	R$ 33.077,00
OUTUBRO	13	AEI	100.015	98.357	R$ 29.435,00
OUTUBRO	13	ZYX	100.017	98.358	R$ 44.545,00
OUTUBRO	13	AAA	100.013	98.359	R$ 49.034,00
OUTUBRO	14	OUV	100.018	98.360	R$ 19.230,00
OUTUBRO	14	PVO	100.016	98.361	R$ 31.900,00
OUTUBRO	14	ABC	100.019	98.362	R$ 43.989,00
OUTUBRO	14	IVQ	100.020	98.363	R$ 75.090,00
OUTUBRO	14	RVO	100.022	98.364	R$ 84.600,00
OUTUBRO	14	XYZ	100.023	98.365	R$ 41.900,00
OUTUBRO	15	BCB	100.021	98.366	R$ 47.879,00
OUTUBRO	15	PVO	100.0	98.367	R$ 35.098,00
OUTUBRO	15	AAA	100.	98.368	R$ 13.324,00

Copyright @ Falando de Gestão 3 - Rodrigo Vargas

Os dados tabulados pelo gerente estão na tabela, a seguir:

VALOR MÉDIO DE FATURAMENTO MENSAL	QUANTIDADE DE CLIENTES
ATÉ R$10.000,00	5
DE R$10.001,00 A R$20,000,00	7
DE R$30.001,00 A R$40.000,00	13
DE R$40.001,00 A R$50.000,00	22
DE 50.001,00 A R$60.000,00	15
DE R$60.001,00 A R$70.000,00	6
DE 70.001,00 A R$80.000,00	7
DE R$80.001,00 A R$90.000,00	4
DE R$90.001,00 A R$100.000,00	3
MAIS DE R$100.000,00	2

O histograma resultante é o seguinte:

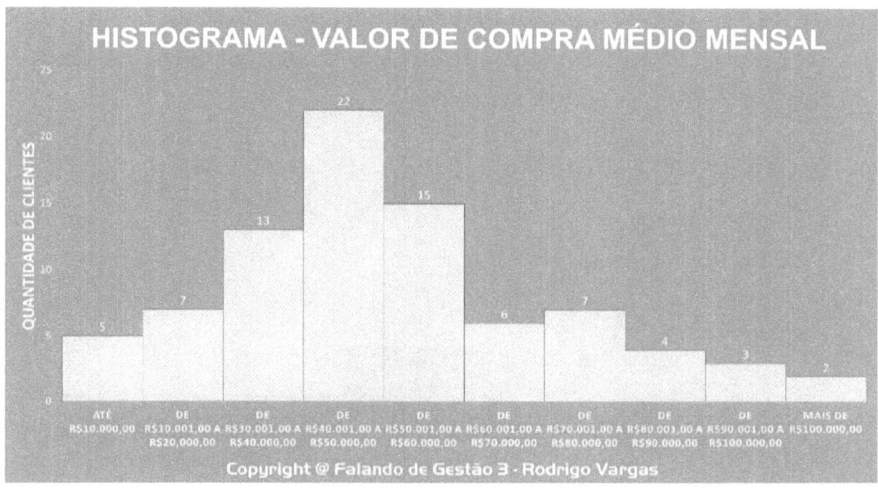

Com base nesse histograma, pode-se traçar estratégias para aumentar o faturamento dos 25 clientes (5 + 7 + 13) que têm feito compras com faturamento médio mais baixo.

Veja a planilha com esse histograma e os outros deste artigo, na página de downloads gratuitos do GestaoIndustrial.com.

HISTOGRAMA COM INTERVALOS DIFERENTES

Tudo que vimos até agora, foi relativo a histogramas com intervalos iguais. Mas, e quando não são iguais? Se, no caso de intervalos iguais, a altura da coluna é igual à frequência da variável naquele intervalo, quando os intervalos não são iguais, a altura da coluna será igual à densidade de frequência.

A densidade de frequência é igual à frequência dividida pelo intervalo:

`densidade de frequência = frequência / intervalo`

QUALIDADE

Vamos voltar ao exemplo do histograma das médias de frequência dos valores médios de vendas mensais e mudar o intervalo. A seguir, veja o nosso gráfico, com os dados originais:

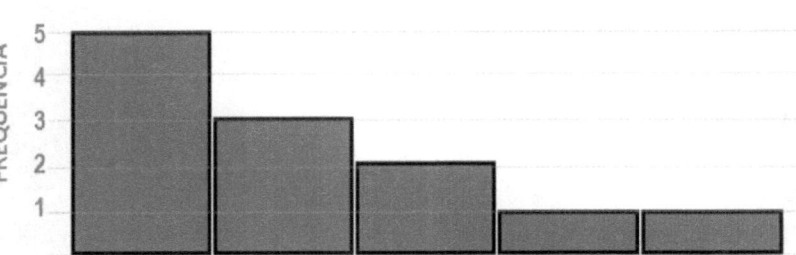

Agora, queremos mudar o último intervalo para R$40.001 a R$60.000. Devemos, então, calcular a densidade de frequência, conforme a tabela:

INTERVALO	FREQUÊNCIA	DENSIDADE DE FREQUÊNCIA	DENSIDADE DE FREQUÊNCIA (%)
10.000 A 20.000	5	0,0005	0,05%
20.001 A 30.000	3	0,0003	0,03%
30.001 A 40.001	2	0,0002	0,02%
40.001 A 60.000	2	0,0001	0,01%

Veja que transformamos a densidade de frequência em percentual, apenas para tornar a informação mais amigável.

Com esses dados, o novo histograma deve ser o seguinte:

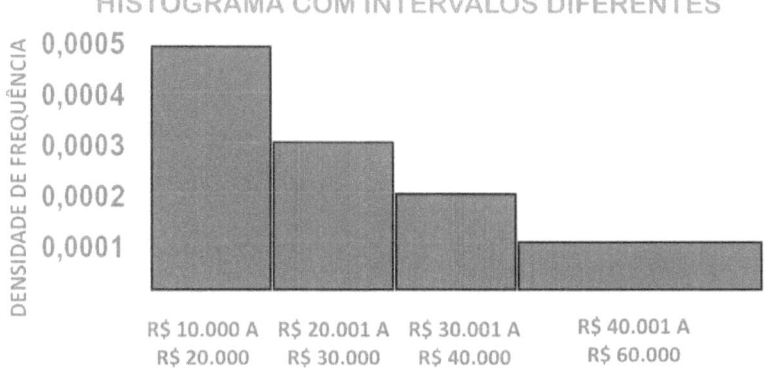

Existem várias ferramentas básicas da Qualidade, mas, sem dúvida, o histograma é uma ferramenta simples e visualmente esclarecedora, e, em conjunto com outras, pode ajudar em várias situações dentro de uma Organização.

QUALIDADE

FERRAMENTAS BÁSICAS DA QUALIDADE: GRÁFICO DE PARETO

O gráfico de Pareto é uma das ferramentas básicas da qualidade, é um tipo especial de histograma, e está fundamentado no chamado "Princípio de Pareto".

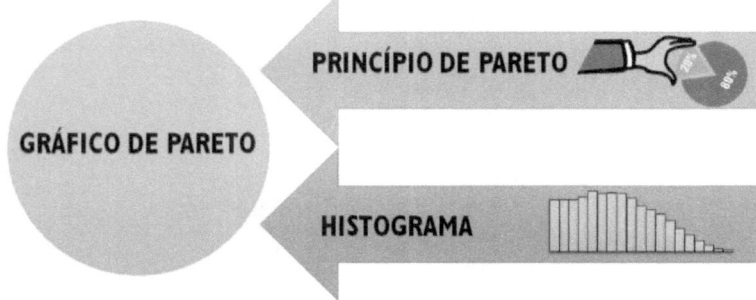

ORIGENS

O princípio de Pareto, também conhecido como regra 80/20, diz que em qualquer grupo de fatores que contribuem para um efeito comum, poucos são os responsáveis pela maior parte do efeito; pode-se dizer que 80% dos efeitos provêm de 20% das causas, ou ainda, 80% dos resultados, provém de 20% das ações. Esse princípio tem origem no século XIX, quando Vilfredo Pareto analisou a distribuição de riqueza na Itália, e seus cálculos mostraram que 80% dela estava na mão de apenas 20% da população. Na década de 1950, o consultor da qualidade, Joseph Juran, concluiu que aquilo que Pareto havia observado era um princípio universal, e que poderia ser aplicado a uma variedade de situações, inclusive aos problemas de qualidade, e foi ele que cunhou o termo "Princípio de Pareto".

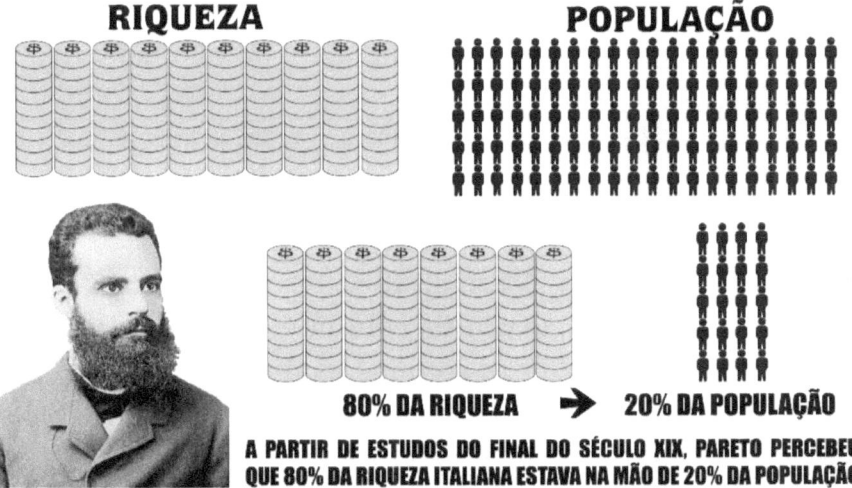

Um histograma é um gráfico com faixas (verticais ou horizontais) utilizado para representar a frequência de dados, previamente organizados em intervalos ou classes, em que o comprimento da faixa (quando os intervalos são iguais) é proporcional à frequência da variável em determinado intervalo, e a sua largura, proporcional ao próprio intervalo; o histograma é uma distribuição de frequências, e por isso também é chamado de gráfico de frequências.

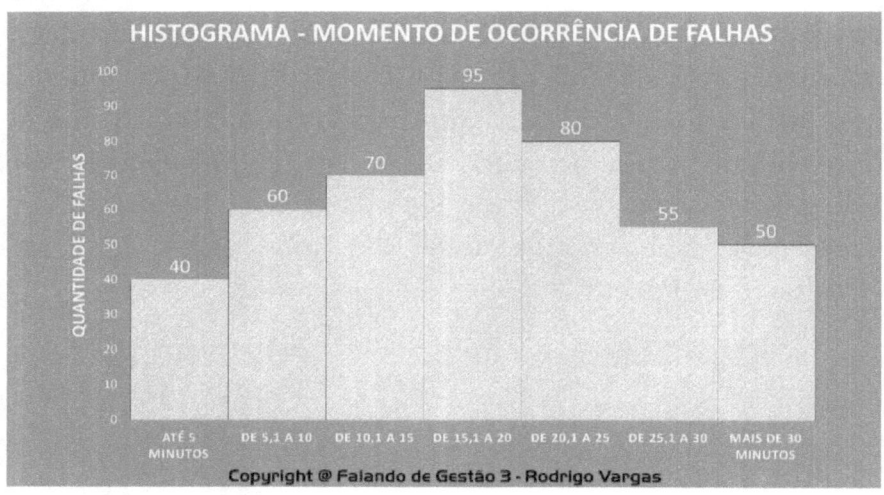

O GRÁFICO DE PARETO

O gráfico de Pareto é um gráfico de frequências muito específico, em que a altura da coluna é igual à frequência de sua ocorrência, mas as colunas estão dispostas sempre em ordem decrescente, e com uma linha indicativa do percentual acumulado de ocorrência.

QUALIDADE

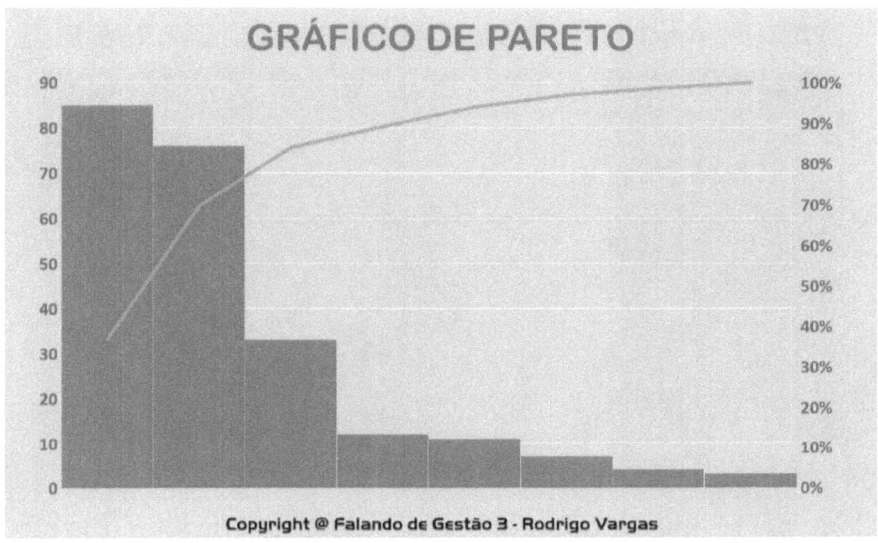

O gráfico de Pareto pode ser chamado, também, de diagrama de Pareto, análise de Pareto, ou histograma de Pareto. Ele é utilizado para classificar a importância de problemas ou outras questões, e identificar prioridades, já que as questões de maior impacto ficam bem evidentes. Utiliza, no eixo "Y", em geral, o número de ocorrências, mas pode usar, também, tempo, valor financeiro, ou percentual de participação da variável em relação ao todo, entre outras coisas.

EXEMPLO

Imagine a seguinte situação: uma empresa quer reduzir o número de reclamações de seus clientes. Então, todos os relatórios de reclamações gerados pela área de atendimento ao cliente foram tabulados, resultando na tabela, a seguir:

QUALIDADE

TABULAÇÃO DAS RECLAMAÇÕES DOS CLIENTES

RECLAMAÇÕES	OCORRÊNCIA
ATENDIMENTO	76
ATRASO	85
DISPONIBILIDADE	7
NAVEGAÇÃO	4
OUTROS	3
PREÇO	33
QUALIDADE	12
TROCA DE PRODUTO	11

Copyright @ Falando de Gestão 3 - Rodrigo Vargas

Com base, nessa tabela, foi gerado o gráfico de Pareto, para análise:

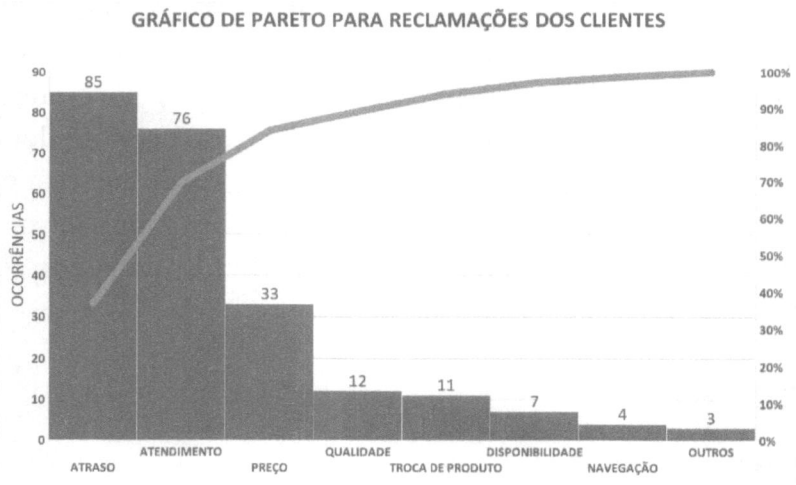

Copyright @ Falando de Gestão 3 - Rodrigo Vargas

Olhando o gráfico, vê-se, claramente, que as ações devem, inicialmente, ser direcionadas para analisar as causas dos atrasos nas entregas, bem como, as reclamações de mau atendimento; pois, juntos, esses dois motivos de reclamações representam pouco mais de 70% de todas as reclamações. Portanto, se esforços forem concentrados na análise das causas desses dois principais motivos de todas as reclamações, e ações forem implementadas para buscar melhoria, o impacto no resultado final será bastante grande. Ou seja, estamos trabalhando com o princípio de Pareto, pois, 80% das reclamações dos clientes vêm de 20% dos problemas, e 80% dos resultados, vêm de 20% das ações.

Veja a planilha com esse gráfico de Pareto na página de downloads do GestaoIndustrial.com.

Dentre as ferramentas básicas da Qualidade, o gráfico de Pareto ganha destaque pela objetividade com que estabelece e torna visível as prioridades em relação a diversas questões dentro de uma Organização.

FERRAMENTAS BÁSICAS DA QUALIDADE: CHECKLIST

O checklist é uma tabela ou lista, devidamente estruturada, com uma série de itens para verificação ou execução, sendo altamente adaptável a uma grande gama de propósitos.

O CHECKLIST É UMA FERRAMENTA MUITO PRÁTICA E ÚTIL NA PREVENÇÃO DE FALHAS

QUALIDADE

É um recurso utilizado com o objetivo de reduzir a possibilidade de falhas, para garantir o procedimento correto, prevenir erros e problemas de segurança, entre outros motivos; geralmente causados por esquecimento ou falta de atenção.

É feito de forma preliminar a um trabalho (como antes de operar uma máquina), ou subsequentemente a ele (como a inspeção de produto), dependendo do que seja o mais apropriado.

Os checklists podem estar disponíveis, hoje, em papel, terminais de computador, ou em dispositivos móveis, dependendo, basicamente, da estrutura de TI da Organização, e dos recursos disponíveis. Porém, papel e caneta estão acessíveis a qualquer um.

Pode ser utilizado em inspeção de produto, em etapas críticas ou no final do processo, em verificação de lotes antes de embarques, em manutenção de equipamentos, na operação de equipamentos, em segurança operacional, em atividades de limpeza, e em qualquer processo ou atividade em que se necessite a verificação de determinados parâmetros.

Vejamos um exemplo de um checklist, que deve ser preenchido pelo representante de vendas, antes da viagem de carro que fará para visitar clientes.

QUALIDADE

EXEMPLO DE CHECKLIST

CHECKLIST – VIAGEM DE CARRO CORPORATIVO

UNIDADE: 3	ÁREA: Vendas	PROCESSO: Visita a cliente	EQUIPAMENTO: Carro placa ABC1D34
VERIFICADOR: Rodrigo	DATA: 03/05/2021	TIPO DE INSPEÇÃO: PRÉ-VIAGEM	FREQUÊNCIA: QUANDO NECESSÁRIO

ITEM	DESCRIÇÃO	SITUAÇÃO	COMENTÁRIO	CORREÇÃO/AÇÃO CORRETIVA
1	Verificar as condições gerais do veículo	✓	Pequeno amassado	No retorno, preencher ordem de serviço
2	Calibrar os pneus e o estepe	✓		
3	Verificar a presença do macaco e do kit de ferramentas	✓		
4	Verificar o nível de óleo e completar se necessário	✓		
5	Verificar o nível de água do radiador e completar se necessário	✓		
6	Verificar a presença da documentação do veículo	✓		
7	Verificar o acendimento das lâmpadas de sinalização	✓		
8	Verificar o acendimento das lâmpadas de freio	✓		
9	Verificar o acendimento das lâmpadas de ré	✓		
10	...			
11	...			
12				
13				
14				

OBSERVAÇÕES
Embora haja um pequeno amassado na lataria, já reportado no checklist, este não compromete o uso do veículo.

Copyright @ Falando de Gestão 3 - Rodrigo Vargas

Veja a planilha com o checklist, na página de downloads gratuitos do GestaoIndustrial.com.

O checklist é uma ferramenta simples, fácil de implantar, e que pode trazer muitos benefícios para a Organização e aqueles que a utilizam.

FERRAMENTAS BÁSICAS DA QUALIDADE: DIAGRAMA DE ISHIKAWA

O diagrama de Ishikawa é uma ferramenta utilizada para se relacionar potenciais causas raízes a um determinado problema; cujo objetivo é facilitar a análise desse problema e a discussão sobre suas possíveis causas, dando foco e organizando o pensamento daqueles que estejam envolvidos nesse processo.

O diagrama de Ishikawa é também chamado de diagrama espinha de peixe (devido ao seu formato lembra o esqueleto dos peixes), ou ainda, diagrama de causa e efeito. O diagrama de Ishikawa é largamente utilizado na indústria, na análise de defeitos, e foi desenvolvido pelo engenheiro japonês, especialista em Qualidade, Kaoru Ishikawa, na década de 1960.

QUALIDADE

COMO CONSTRUIR UM DIAGRAMA DE ISHIKAWA

O uso do diagrama de Ishikawa é muito fácil, mas, para a sua construção, alguns passos devem ser seguidos:

- Ainda que alguns utilizem-se de softwares, considere utilizar *flipchart* ou quadro-branco, e uma caneta apropriada, pois, dessa forma, consegue-se bons resultados ao se manter um caráter de "rascunho", bom para proporcionar sessões de discussão livre;
- Deve-se escolher um facilitador, com bom conhecimento da ferramenta, e tanto quanto possível, conhecimento do problema;
- Concorde o problema a ser discutido, ou seja, qual é o efeito que se quer analisar, e o escreva na ponta direita do diagrama;
- Concorde os fatores causais (tipos ou categorias de causas) que serão utilizados e os escreva nas extremidades das espinhas. Na indústria, é clássico o uso de: material, mão de obra, meio ambiente, máquina, método, e medida. Porém, se estiver analisando um problema de finanças ou marketing, por exemplo, provavelmente, precisará utilizar outros fatores causais;
- O facilitador inicia o brainstorm (discussão livre) com cada um dos fatores causas, procurando encontrar as possíveis causas do problema, perguntando, sempre, por que isso está ocorrendo, focando nas causas, já que o efeito já foi definido.
- O facilitador inicia o *brainstorm* (discussão livre) com cada um dos fatores causas, procurando encontrar as possíveis causas do problema, perguntando,

sempre: "por que isso está ocorrendo", e focando nas causas, já que o efeito já foi definido.

- O facilitador deve ir anotando na respectiva "espinha" a causa a que pertence, alocando da melhor forma, e pode ser escrita em mais de uma "espinha", caso ela esteja vinculada a mais de uma categoria;
- O facilitador deve cuidar para que todas as categorias de causas sejam, adequadamente, exploradas;
- Quando uma subcausa for identificada, escreva-a como uma ramificação da causa a qual está relacionada, e continue perguntando por quê, até chegar ao melhor entendimento da causa raiz.

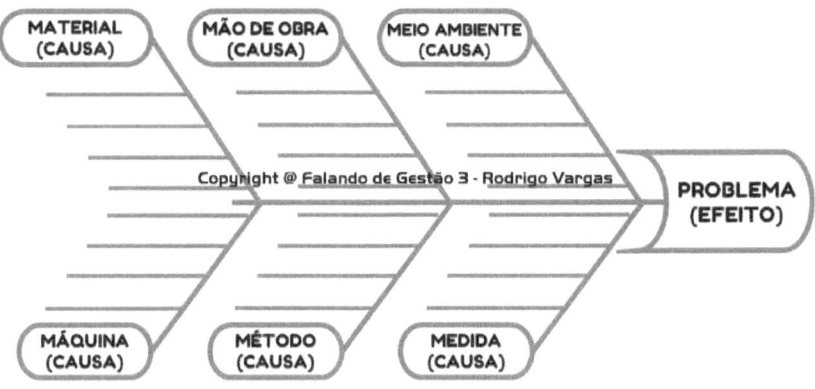

Essa é uma poderosa ferramenta da qualidade, pois, embora o diagrama de Ishikawa seja uma ferramenta simples de usar, é, ao mesmo tempo, uma poderosa ferramenta de análise de causas de problemas.

FERRAMENTAS BÁSICAS DA QUALIDADE: ESTRATIFICAÇÃO DE DADOS

A estratificação é uma técnica de tratamento e análise de dados através da separação (ou estratificação) de dados variados, ou seja, é a subdivisão de um determinado grupo de dados em diversos subgrupos, de acordo com alguns fatores desejados.

OBJETIVOS E SISTEMÁTICA DA ESTRATIFICAÇÃO

A estratificação de dados busca tornar visível determinados padrões de comportamento das variáveis, e é considerada uma das ferramentas básicas da Qualidade. É como pegar um grupo de pessoas, que se quer estudar o comportamento da pressão arterial, e separar pela idade, ou, pelo sexo, ou, pelo peso. Ou ainda, pode-se dividir o grupo pela idade, pelo sexo e pelo peso. Com isso, vai-se refinando o agrupamento, formando, cada vez, grupos mais homogêneos, e, com isso, permitindo-se chegar a melhores conclusões sobre o comportamento da pressão, e como cada grupo é afetado, ou não. São inúmeras as maneiras pelas quais você poderá separar ou estratificar os dados, dependendo, basicamente, da sua necessidade e do problema a ser analisado.

EXEMPLO PRÁTICO DE ESTRATIFICAÇÃO DE DADOS

Imagine que uma empresa queria verificar como estava a situação de entregas de pedidos aos seus clientes, e, por isso, tabulou os dados referentes ao número de pedidos entregues em atraso, durante o ano todo, e comparou com o número de reclamações recebidas por atraso, durante o mesmo ano. Os dados foram colocados no gráfico de barras, a seguir:

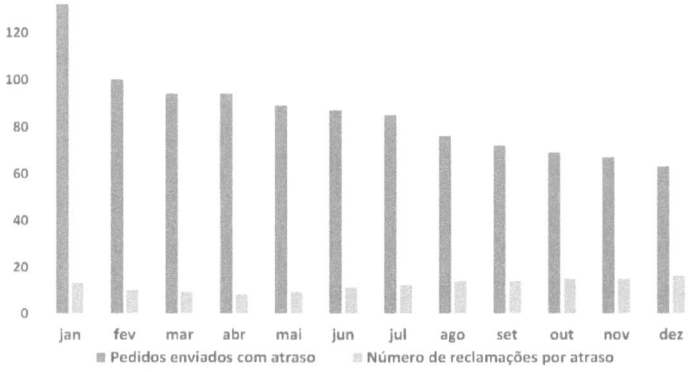

QUALIDADE

Observando-se o gráfico, nota-se a curiosa situação em que o número de pedidos entregues em atraso foi caindo ao longo do ano, porém, o número de reclamações por atraso, ao contrário, foi subindo. Os gestores da empresa não entenderam por que o número de reclamações aumentou, se o número de entregas com atraso diminuiu.

Assim, foram investigar a situação, e, no intuito de melhor analisar os números, foi utilizada a ferramenta de estratificação de dados, separando os pedidos entregues em atraso, de acordo com o número de dias de atraso (1 dia de atraso, 2 dias de atraso, 3 dias de atraso, 4 dias de atraso, 5 dias de atraso, 6 dias ou mais de atraso). Desse modo, o gráfico de estratificação foi o seguinte:

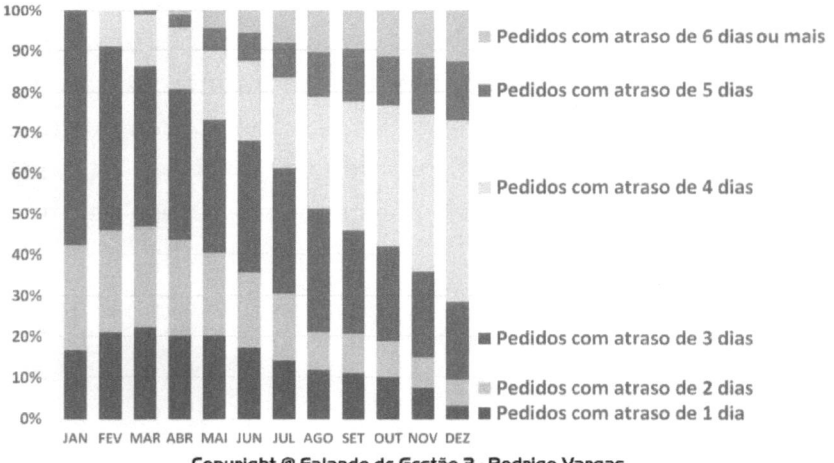

Com a estratificação, podemos observar claramente que os pedidos entregues com 1, 2, e 3 dias de atraso, diminuíram; porém, os pedidos entregues com 4, 5, 6 dias ou mais de atraso, aumentaram.

O que nos permite concluir que, embora o total de entregas com atraso tenha diminuído, as entregas com 4, 5, 6 dias ou mais, aumentaram; justamente as entregas que, sendo mais demoradas, em geral, mais aborrecem ao consumidor. O que levou os gestores a aplicar esforços no entendimento das causas desses atrasos, a fim de reduzi-los, ou eliminá-los.

Confira a planilha com esse gráfico de estratificação de dados na página de downloads gratuitos do GestaoIndustrial.com.

Veja que uma simples estratificação permitiu entender uma situação que, numa primeira observação, pareceu estranha e paradoxal; por isso, dentre as ferramentas básicas da Qualidade, a estratificação de dados é uma ajuda esclarecedora em várias situações do dia a dia das Organizações.

FERRAMENTAS BÁSICAS DA QUALIDADE: DIAGRAMA DE DISPERSÃO

O diagrama de dispersão (também chamado de gráfico de dispersão, diagrama de correlação, ou gráfico de correlação) é uma ferramenta utilizada para analisar a relação entre duas variáveis "x" e "y" e observar o seu padrão de comportamento. O diagrama de dispersão é uma forma visual de analisar a correlação entre duas variáveis, pois, uma vez colocados os dados no gráfico, obtém-se uma dispersão de pontos, cujo padrão (ou forma) poderá sugerir se uma variável cresce quando a outra cresce (correlação positiva), ou, pelo contrário, se diminui quando a outra cresce (correlação negativa), ou ainda, se não há nenhuma relação entre elas (correlação nula).

QUALIDADE

O diagrama de dispersão é utilizado quando as variáveis são "contínuas", ou seja, quando podem assumir qualquer valor (inteiro ou fracionário); e quanto mais correlacionadas as variáveis, mais os pontos do gráfico estarão próximos de uma linha de tendência imaginária, e agrupados. Dessa forma, as correlações, positivas ou negativas, podem ser ditas fortes ou fracas.

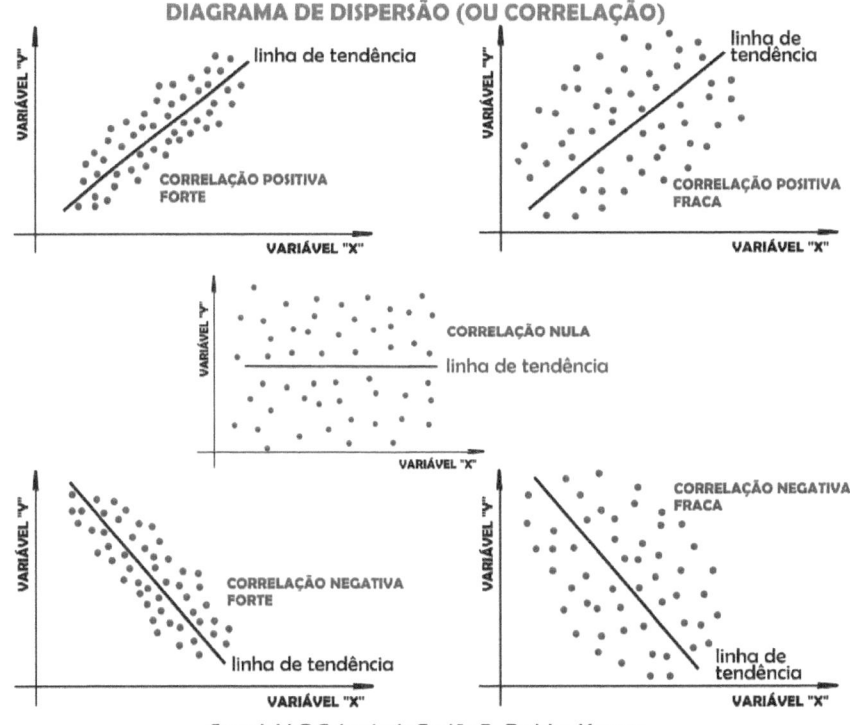

USOS

O diagrama de dispersão é uma ferramenta básica da qualidade que pode ser utilizada:

- **Identificar possíveis causas raízes**: na busca por causas raízes de não conformidades, pode-se usar o

QUALIDADE

diagrama de dispersão para fazer uma análise de correlação, buscando, inicialmente, identificar alguma conexão entre as duas variáveis.

- **Validar uma causa raiz de um diagrama de Ishikawa**: após fazer um brainstorming de causa e efeito usando um diagrama espinha de peixe, pode-se determinar, objetivamente, se (e quanto) uma causa e um efeito em particular estão correlacionados.

- **Analisar o comportamento entre duas variáveis**: ao se analisar a correlação entre duas variáveis, entendendo seu comportamento, pode-se determinar apropriadas ações subsequentes dentro de algum estudo.

EXEMPLOS

São inúmeras e variadas as possibilidades de aplicação, por exemplo, para estudar a relação entre:

- horas-extras e defeitos de produção
- margem de contribuição e volume de vendas
- variação cambial e custo de matéria-prima
- preço do combustível e preço do frete
- horas de treinamento e eficiência de produção
- horas-extras e acidentes de trabalho
- vendas e satisfação do cliente

CORRELAÇÃO E CAUSALIDADE

Devemos ter em mente que correlação não implica em causalidade, ou seja, duas variáveis estarem correlacionadas não quer dizer que uma é causa da outra.

Pois, quando a venda de sorvetes aumenta nos dias quentes de verão, aumentam também as vendas de água de coco, e, apesar de haver correlação, uma não é causa da outra, pois, ambas, são causadas pelo calor.

Como descobrir, então, se há causalidade, além de correlação? Se você precisar descobrir se há relação de causalidade, poderá utilizar-se de um método estatístico chamado de "teste de hipótese"; e, conhecendo-se o processo, verifica-se, depois, na prática, sua causalidade.

Confira um modelo de gráfico de dispersão em planilha eletrônica, na página de Downloads do GestaoIndustrial.com.

O diagrama de dispersão é uma ferramenta básica da qualidade que, ao mesmo tempo, é simples e expressiva, pois, com seu recurso visual, pode nos dar preciosa e esclarecedora contribuição onde seja requerida.

PARA TERMINAR

Desejo que os insights apresentados neste livro tenham proporcionado a você algum novo conhecimento, ou importantes reciclagens, com boas reflexões e criação de novas perspectivas; e que isso lhe possibilite desenvolver novas competências, ou aperfeiçoar as que você já possui, tornando-o um profissional ainda melhor.

Peter Drucker, nascido na Áustria, foi escritor, professor e consultor de gestão, e um dos maiores nomes da Administração do século XX, com inúmeros best-sellers publicados, falou o seguinte: "O conhecimento tem que ser melhorado, desafiado e aumentado constantemente, ou ele desaparece!"

Boa Sorte na sua trajetória e muito Sucesso!

Rodrigo Vargas

AGRADECIMENTO

Obrigado pela leitura do livro! Espero que este meu trabalho tenha lhe agregado valor e, de algum modo, despertado novas ideias, criado conhecimentos ou encorajado reflexões. Gostaria muito de poder conhecer a sua opinião sobre o livro e, para isso, seria fantástico (e eu ficaria muito grato!) se você pudesse dedicar algum tempo para escrever uma avaliação na página do livro, na loja onde foi comprado, contando o que gostou e o que pode ser melhorado. Isso poderá me proporcionar desenvolvimento e evolução, além do que, ajuda autores independentes, como eu, a divulgar o trabalho e informar outros leitores.

Muito obrigado!

Rodrigo Vargas

OUTRAS PUBLICAÇÕES DE RODRIGO VARGAS

Após a visita de milhares de profissionais e estudantes ao portal GestaoIndustrial.com, e várias solicitações para disponibilizar o conteúdo em formato de livro, foi aceito mais este desafio. O objetivo foi o de disponibilizar conteúdo e informação, devidamente adaptados ao formato de livro, de modo que você pudesse carregá-lo sempre consigo, inclusive off-line. Portanto, este livro contém, basicamente, os temas que, ao longo de vários anos, foram editados para o portal da web, no entanto, é bom que se frise, o conteúdo não é exatamente o mesmo.

O livro "Gestão Industrial de A a Z" proporciona uma visão geral da gestão na indústria, abordando os seus temas mais importantes: Análise de Alternativas Econômicas, Best Sellers – Processos e Pessoas, China, Comércio Exterior, Compras, Contabilidade Financeira, Contabilidade Gerencial, Custos Industriais, Desenvolvimento de Competências, Desenvolvimento do Produto, Eficiência dos Processos, Estrutura Organizacional, Ferramentas da Qualidade, Gestão de Estoques, Gestão de Pessoas, Gestão do Tempo, Indicadores Econômicos da Atividade Industrial, *Lean*

OUTRAS PUBLICAÇÕES DE RODRIGO VARGAS

Manufacturing, Liderança Eficaz, Logística, Manutenção Industrial, Marketing, Modelo de Gestão, MRP – *Manufacturing Resource Planning*, O Uso Do E-mail Nas Organizações, O Desperdício de Tempo no Trabalho, Pensamentos Motivacionais, Planejamento Avançado da Qualidade do Produto (APQP), Planejamento da Demanda, Planejamento Estratégico, Política de Estoques, Pós-Vendas, Princípios de Gestão, Qualidade Total, Reuniões Eficazes, Sistema de Gestão da Qualidade, Six Sigma, Sustentabilidade, TPM – Manutenção Produtiva Total, Transportes, Tributação, Vendas.

OUTRAS PUBLICAÇÕES DE RODRIGO VARGAS

O livro "52 Bons Hábitos de Gestão, Liderança e Relações Humanas" descreve os bons hábitos que podem ajudar você, em seu ambiente de trabalho, a se destacar dos demais, demonstrando confiança e credibilidade aos superiores, pares e subordinados; aumentando sua produtividade e de sua equipe; melhorando seu relacionamento, sua liderança, sua eficiência e otimizando seu tempo. O livro é resultado do aprendizado e da análise crítica do autor decorrente de vários anos de experiência em gestão na indústria.

Com uma linguagem simples e objetiva, o livro é uma opção de leitura fácil e envolvente distribuída ao longo de 52 capítulos: 1. Estabeleça metas e trabalhe para atingi-las! 2. Saiba ter equilíbrio emocional! 3. Esteja preparado para as mudanças! 4. Saiba como marcar reuniões eficazmente! 5. Solucione problemas! 6. Aprenda a dar ordens! 7. Exponha uma opinião contrária de modo inteligente! 8. Coloque as pessoas de sua equipe onde elas rendem mais! 9. Relacione tarefas a nomes! 10. Lidere reuniões! 11. Faça, pelo menos, um elogio por dia! 12. Demonstre sempre uma postura séria! 13. Saiba conviver com as críticas! 14. Saiba gerenciar eficazmente seu tempo! 15. Dê bons exemplos! 16. Prefira não criticar seu colega! 17. Não se envolva com fofocas! 18. Comemore as suas vitórias! 19. Evite discussões! 20. Seja justo! 21. Tenha um aperto de mão firme! 22. Assuma seus erros! 23.

Peça *feedback* sincero! 24. Em reuniões, fale somente o necessário! 25. Não exagere no trabalho! 26. Faça um esporte! 27. Faça um trabalho voluntário! 28. Só prometa aquilo que você está certo de que poderá cumprir! 29. Avalie eficazmente sua equipe! 30. Tenha um plano de carreira! 31. Livre-se das perguntas embaraçosas! 32. Formalize o que é importante! 33. Fale em público! 34. Contorne os erros. Tenha foco na busca de soluções! 35. Saiba como chamar a atenção dos outros, quando errarem! 36. Entenda plenamente toda a pergunta que lhe for feita e pense antes de respondê-la! 37. Crie uma perspectiva positiva do futuro! 38. Alimente sua cultura geral! 39. Fale outras línguas! 40. Busque constantemente o autodesenvolvimento! 41. Motive sua equipe! 42. Apoie sua equipe! 43. Cumprimente com voz firme! 44. Respeite as normas internas da empresa! 45. Vista-se com elegância! 46. Sorria! 47. Compartilhe informações com sua equipe! 48. Tome decisões! 49. Aprenda com os erros. Aproveite toda energia contida neles! 50. Encare desafios! 51. Delegue autoridade! 52. Siga seus princípios!

OUTRAS PUBLICAÇÕES DE RODRIGO VARGAS

O livro "Matemática Financeira Descomplicada", que é um manual prático, traz para você os fundamentos e principais conceitos da matemática financeira, com explicações objetivas e simplificadas. Afinal de contas, seja para analisar a melhor alternativa de investimento, ou para definir a melhor opção de compra, são muitas e variadas as oportunidades para a utilização dos conceitos da matemática financeira no dia a dia.

É indicado para estudantes e profissionais que necessitem conhecer e aprender os principais conceitos da matemática financeira. Também é indicado para quem quer obter conhecimento para uso geral, do dia a dia, a fim de conseguir entender melhores alternativas de aplicação financeira, ou de compras de produtos, por exemplo, para comparar e avaliar alternativas a prazo e à vista, entre outras.

Algumas das características desta edição:

1. Para cada novo conceito, o livro traz exemplos de aplicação ou simulações;
2. Os exercícios resolvidos apresentam tanto as resoluções matemáticas, quanto as resoluções com a HP 12C (demonstração "passo a passo" e "tecla a tecla"), além de mostrar o uso das tabelas financeiras;
3. O livro conta com uma seção ilustrada, para iniciantes na HP 12C;

OUTRAS PUBLICAÇÕES DE RODRIGO VARGAS

4. Tabelas-resumo, com fórmulas e principais conceitos;
5. Tabelas financeiras para facilitar os cálculos e permitir resolver questões com o uso de calculadoras comuns.

OUTRAS PUBLICAÇÕES DE RODRIGO VARGAS

A "Cultura de Melhoria" é a mais robusta maneira de levar uma Organização aos níveis de excelência, alcançando melhores resultados, e criando um ambiente de trabalho positivo e fértil. O livro faz uma análise objetiva das mudanças das últimas décadas e das necessidades atuais do mundo corporativo, discorrendo sobre os aspectos que levam a empresa a criar e manter uma Cultura de Melhoria, os benefícios associados a ela, bem como o trabalho que se deve fazer para implantá-la. É um livro prático, abordando o passo a passo para fazer uma transformação positiva na Cultura Organizacional, através dos 7 degraus da criação da Cultura de Melhoria:

1. Decisão
2. Seleção das Lideranças
3. Treinamento das Lideranças
4. Treinamento dos Colaboradores
5. Fermentação Cultural
6. Repetições Cíclicas
7. Cultura de Melhoria

O livro é indicado para gestores interessados em melhorar a Cultura na sua Organização, buscando maior competitividade, melhor ambiente de trabalho, e melhores resultados. É indicado, também, para os profissionais que buscam ampliar seus horizontes, entendendo importantes aspectos da Cultura de uma Organização.

OUTRAS PUBLICAÇÕES DE RODRIGO VARGAS

No "Guia Prático de Finanças do Dia a Dia" você vai conhecer várias maneiras para usar o seu dinheiro com critério e discernimento, com o objetivo de conquistar uma vida financeira mais saudável!

Veja alguns dos tópicos abordados neste livro:

- Como calcular o valor da multa e juros de um boleto?
- Como calcular o valor futuro de aplicações financeiras?
- Como avaliar a melhor alternativa de investimento?
- Como calcular um aumento acumulado?
- Inflação x Ganho real?
- Pagar à vista ou a prazo? O que é melhor? E quando?
- Quais são os tipos de crédito pessoal e suas taxas?
- Como calcular os juros do cheque especial e do cartão?
- Como planejar financeiramente uma compra ou poupança?

E mais, conheça os 8 Mandamentos das Finanças do Dia a Dia, baixe gratuitamente a calculadora financeira em planilha eletrônica (ensinaremos, no livro, o passo a passo para você poder usá-la) e a planilha de controle de finanças domésticas!

OUTRAS PUBLICAÇÕES DE RODRIGO VARGAS

Reformule sua maneira de comprar e investir, reveja sua forma de usar o dinheiro, adquira o controle de suas finanças! Compre agora o "Guia Prático de Finanças do Dia a Dia", e comece já a mudar o seu presente e a construir um futuro melhor!

OUTRAS PUBLICAÇÕES DE RODRIGO VARGAS

O que você vai encontrar nesse livro? A resposta rápida é: valiosos insights de gestão!

Este livro reúne artigos escritos em 2018 para o Blog que faz parte do portal GestaoIndustrial.com, e que foram organizados por categorias para otimizar a leitura. O livro "Falando de Gestão" é indicado a todos que gostam do tema e querem se desenvolver através de insights que envolvem vários aspectos relativos à gestão.

No livro você encontrará os seguintes temas, discutidos através de vários artigos do autor:

- Administração Geral
- Cultura Organizacional
- Desenvolvimento Profissional
- Gestão de Projetos
- Liderança
- Marketing
- Planejamento Estratégico,
- Produtividade
- Qualidade.

OUTRAS PUBLICAÇÕES DE RODRIGO VARGAS

Esse é o volume dois do livro "Falando de Gestão – Valiosos Insights". São vários artigos reunidos com os temas mais interessantes e pertinentes ao gestor!

Este livro reúne artigos escritos em 2018 para o Blog que faz parte do portal GestaoIndustrial.com, e que foram organizados por categorias para otimizar a leitura. O livro "Falando de Gestão 2" é indicado a todos que gostam do tema e querem se desenvolver através de insights que envolvem vários aspectos relativos à gestão.

OUTRAS PUBLICAÇÕES DE RODRIGO VARGAS

Baseado em uma permanência de um mês na China, a trabalho em 2010, eu decidi colocar no papel alguns aspectos interessantes e vários aprendizados dessa interessante e enriquecedora experiência.

Um dos maiores objetivos foi o de dar uma macro perspectiva da forte economia chinesa, e mostrar alguns indicadores chave relacionados a isso. Para uma melhor compreensão dos números, foi feita uma comparação com as economias dos Estados Unidos e do Brasil. Foram atualizados os indicadores em 2015 com a melhor e mais confiável informação que pôde ser encontrada, cujos dados, basicamente, foram coletados da Agência Central de Inteligência Norte Americana (CIA) e do Banco Mundial (WB).

Esse livro, escrito em inglês, pode-se dizer que é como um álbum de viagem, com informações técnicas e interessantes sobre a economia e o povo chinês.

OUTRAS PUBLICAÇÕES DE RODRIGO VARGAS

O processo cognitivo do desenvolvimento de competências depende necessariamente da memória, ele está baseado no que eu chamo de círculo virtuoso do estudante de sucesso: estudar, compreender, e memorizar! Portanto, sem memorização não há conhecimento. Veja que as pesquisas de Ebbinghauss mostraram que em condições normais, após 2 dias, a lembrança do que havia sido previamente memorizado tende a ser menos de 30%, por isso as técnicas adequadas e a correta metodologia do estudo podem proporcionar um rendimento e uma eficiência muito maiores.

No livro "Técnicas de Memorização para Estudantes" você vai conhecer os Mandamentos da Boa Memória (hábitos para criar uma boa memória), as Dicas de Memorização (*insights* para turbinar a memorização), e os Métodos de Memorização (sistemas estruturados para memorizar desde pequenos até grandes conteúdos) aplicados ao estudo do conteúdo do ensino médio (o que facilita o entendimento para a grande maioria das pessoas) e, com extrema facilidade, você conseguirá criar seus próprios "pregos" mnemônicos para outras matérias e necessidades.

As técnicas apresentadas se aplicam às mais variadas necessidades de memorização, seja ou não estudante, inclusive com excelente aplicação no âmbito profissional, no dia a dia do trabalho.

OUTRAS PUBLICAÇÕES DE RODRIGO VARGAS

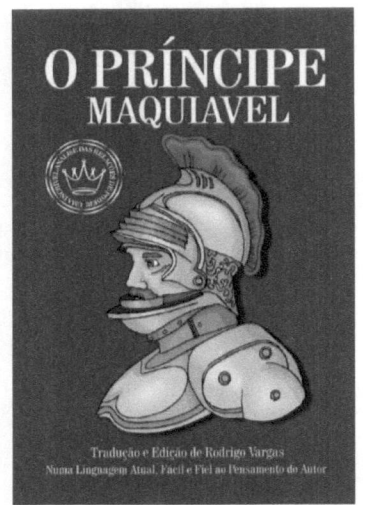

Esta é a tradução que fiz, a partir do original italiano, deste grande clássico da moderna filosofia política, e que é um dos livros mais lidos e traduzidos de todos os tempos. O livro "O Príncipe" é um tratado político em que Maquiavel ensina como conquistar e manter o poder, demonstrando, com abundantes exemplos, as melhores estratégias, analisando os erros e os acertos dos príncipes, e dando orientações sobre as melhores formas de governar.

É melhor ser amado ou temido? Por que não se deve deixar ser odiado pelas pessoas? O quanto a sorte influencia os acontecimentos, e como reduzir seus efeitos? Por que as pessoas apoiam os oportunistas? Por que, e como, deve-se evitar os bajuladores? Que cuidados devemos ter ao escolher os ministros de governo, e o que fazer para mantê-los fiéis? Tudo isso, e muito mais, Maquiavel nos explica em detalhes, ao longo dos 26 capítulos de seu livro.

Esta edição apresenta o texto completo, numa linguagem atual, fácil de entender, e fiel ao estilo e ao pensamento do autor. Inclui, ainda, uma seção com informações sobre os personagens que são citados no livro por Maquiavel. Tudo isso para você ter um excelente entendimento do texto original de um dos maiores clássicos da literatura.

www.ingramcontent.com/pod-product-compliance
Lightning Source LLC
Chambersburg PA
CBHW031616210526
45464CB00004B/1598